Jürgen Petersen

brainrunning

Der Weg zur körperlichen und
geistigen Höchstleistung

videel

ISBN 3-89906-190-X

© 2001 by Verlag videel OHG

http://www.videel.de

Gesamtherstellung:	videel, Niebüll
Umschlaggestaltung:	Angela Höfer,
	Graphic Works, Niebüll
Seitenlayout:	Michael Böhme,
	Neukirchen

Inhalt

Brainrunning

Brainrunning ist der Weg zu einer höheren körperlichen und geistigen Leistungsfähigkeit durch **Gedächtnistraining** und **Laufen** im Fettverbrennungspuls.

Warum ist Brainrunning wichtig?

Weil es keinen Säbelzahntiger mehr gibt!

Der ausgestorbene Säbelzahntiger ist für zwei Krankheiten verantwortlich. Erstens für **Alzheimer** und zweitens für **Herz-Kreislauf-Erkrankungen**. Dies sind die langfristigen Gründe. Brainrunning verlängert das Leben.

Es gibt aber auch sehr gewichtige kurzfristige Gründe. Das **Leben** gewinnt ab dem ersten Tag mit Brainrunning enorm an **Qualität**.

Zunächst zurück zu dem langfristigen „Warum?" und dem Säbelzahntiger.

Gäbe es heute noch den Säbelzahntiger, eine große Raubkatze mit bis zu 180 cm Schulterhöhe und riesigen Fangzähnen, würden wir alle nicht älter als 65 Jahre werden. Spätestens in diesem Alter wurden unsere Vorfahren von dem Tiger gefressen, weil sie sich nicht mehr schnell genug auf den nächsten Baum retten konnten. Aus diesem Grund ist unser **Gehirn** für ein Lebensalter von **65 Jahren** ausgelegt. Dann hat die Natur noch einen Zuschlag von cirka 15 Jahren als Sicherheit draufgelegt. Bis zum achtzigsten Lebensjahr funktioniert ein durchschnittliches Gehirn. Dann geht es mit der geistigen Leistungsfähigkeit oft steil bergab. Dies liegt daran, dass einige biochemische Prozesse im Kopf nicht mehr richtig funktionieren. Vor 50 Jahren hat selten jemand das hohe Alter erreicht, in dem Altersdemenz normal ist. Deshalb kannte früher zum Beispiel niemand die Krankheit Alzheimer, obwohl der deutsche Neurologe Alois Alzheimer bereits 1915 starb.

Heute kennt jeder den Begriff „Alzheimer", weil **40%** der Deutschen **über 85 Jahren** an **Altersdemenz** leiden. Dies sind nicht alles Alzheimererkrankungen, aber trotzdem alarmierende Zahlen. Ich habe vor, deutlich älter als 85 Jahre zu werden, wenn nichts dazwischen kommt. Dann mit einer Wahrscheinlichkeit von 50% debil zu sein, finde ich erschreckend!

Jetzt noch eine beruhigende Zahl zum Thema Alzheimer. Von den Alzheimerpatienten in Deutschland haben **90%** in den letzten 20 Jahren ihr **Gehirn nicht** bewusst **trainiert**. Im Umkehrschluss heißt das, wenn Sie Ihr Gehirn regelmäßig fit halten, verzögern oder verhindern Sie mit einer Wahrscheinlichkeit von 90% Alzheimer. Die restlichen 10% bekommen trotz trainiertem Gehirn Alzheimer. Ein Beispiel dafür ist Ronald Reagan. Als amerikanischer Präsident hat er sicherlich bis ins hohe Alter sein Gehirn fit gehalten. Trotzdem leidet er an Alzheimer (Die Zahlen stammen aus einer Apotheken-Broschüre).

Wenn der Säbelzahntiger uns also nicht mehr frisst und so die Altersdemenz einschränkt, dann müssen wir selbst etwas dafür tun, dass wir nicht alle mit 85 vor uns hinvegetieren. Wir alle werden immer älter werden. Die Ärzte werden immer besser, die Ernährung wird immer gesünder, (Es gibt auch Ausnahmen, aber jeder kann sich sehr gesund ernähren! Südfrüchte, Obst und Gemüse mitten im Winter gab es vor 50 Jahren nicht, zumindest nicht für die gesamte Bevölkerung) und gesundheitsbewusster werden im Allgemeinen die meisten Menschen auch.

In 50 Jahren werde ich 85 sein, dann ein völlig normales Alter. Die Bürgermeister werden in 50 Jahren nicht mehr zu jedem hundertsten Geburtstag gehen können, sonst haben sie nichts anderes mehr zu tun!

Jetzt zu der zweiten „Geißel der Menschheit", ganz besonders die der Deutschen. Mit einer Wahrscheinlichkeit von 50%

werden Sie an einer **Herz-Kreislauf-Erkrankung** sterben! Das ist die **häufigste Todesursache** der Deutschen. Vor 100 Jahren starb jeder zehnte an dieser Erkrankung. Die Häufigkeit von Herzinfarkt und Schlaganfall nimmt stetig zu.

Übrigens starben 1999 240000 Frauen an Herz-Kreislauf-Erkrankungen und nur 167000 Männer. Den Herzinfarkt halten viele für eine typisch männliche Erkrankung, weil er bei Frauen erst 10 bis 15 Jahre später auftritt. Das hängt mit der Schutzfunktion der weiblichen Geschlechtshormone zusammen.

Das Problem Herzinfarkt hätten wir nicht, wenn es den Säbelzahntiger noch gäbe. Einen großen Anteil an den Herz-Kreislauf-Erkrankungen hat nämlich das Adrenalin. Früher gab es auch schon das **Adrenalin**, aber es stellte kein Problem in unseren Adern dar.

Angenommen, ich würde zur Zeit des Säbelzahntigers als Jäger und Sammler leben, dann hätte ich keinen Stress am Telefon oder mit nervigen Kunden, sondern ich hätte **Stress** wenn ich den Säbelzahntiger um die Ecke kommen sähe. Stress heißt: Adrenalin ins Blut. Gestern wie heute. Das Adrenalin ist dazu da, um die Leistung meiner Muskeln zu erhöhen. Das brauche ich, um vor dem Tiger auf den nächsten Baum fliehen zu können. Auch früher waren Adrenalinmoleküle messerscharfe **Kristalle**, die die **Adern** von innen **verletzten** und den Aderwänden anhafteten. Da die Natur weiß, dass saubere Adern besser sind als durch Adrenalin verunreinigte, hat sie es so eingerichtet, dass bei meinem Spurt auf den Baum, um dem Tiger zu entkommen, das Adrenalin wieder abgebaut wird. Wenn ich also von der Flucht erschöpft auf dem Baum sitze, sind meine Adern schon wieder sauber. Wenn meine Adern heute vom Adrenalin verletzt und verunreinigt werden, fehlt der 400-Meter-Spurt auf den nächsten Baum. Die Adern bleiben vom Adrenalin belastet. Dann kommt das fettige Essen hinterher und kann schön an den Adrenalinmolekülen und den kleinen Verletzungen der Adern anhaften. Nach der gelungenen Flucht vor dem Säbelzahntiger hätte ich soviel Pommes rot-weiß essen können, wie ich gewollt hätte. Das Fett hätte sich in meinen glatten und sauberen Adern gar nicht halten können.

Befreien Sie täglich Ihre Adern vom Adrenalin, so ist das Fett schon nicht mehr ganz so schädlich! Wie macht man das? Durch Laufen natürlich. Für den **Abbau** des **Adrenalins** braucht man nicht den Fettverbrennungspuls. Da hilft auch Tennis spielen oder ein **400-Meter-Lauf**. Fußball sehen vor dem Fernseher leider nicht.

Durch unseren dauernden Stress produzieren wir viel Adrenalin, das nicht abgebaut wird und die Adern verletzt. Das Fett bleibt an den rauhen Aderwänden kleben. Wenn eine Ader dann ganz verstopft, bedeutet dies Herzinfarkt bzw. Schlaganfall, wenn es im Gehirn passiert.

Durch Laufen im Fettverbrennungspuls bekommt man die Adern wieder frei von Ablagerungen. Deshalb ist Brainrunning wichtig!

Was ist Brainrunning?

Brainrunning ist der Weg zu einem schöneren und erfolgreicheren Leben. Dies wird durch einen **leistungsfähigen Körper** und ein **trainiertes Gehirn** erreicht. Es geht nicht darum, den Körper nicht krank werden zu lassen, sondern die Leistung über das normale Maß hinaus anzuheben. Ebenso wird das Gehirn durch die bessere Versorgung mit Sauerstoff und das regelmäßige Training in allen Lebenslagen überdurchschnittlich gut funktionieren.

Brainrunning besteht aus zwei Teilen:

- Erstens dem **regelmäßigen Training des Gehirns**.
- Zweitens dem **Laufen im Fettverbrennungspuls**.

7 🏃

Der Fettverbrennungspuls ist ein sehr **enger Pulsbereich**, in dem die Muskeln dazu angeregt werden Fett, anstatt Kohlehydrate zu verbrennen. Die **Fettverbrennung** geschieht nur in den Muskeln. Aus diesem Grund ist das Laufen eine der effektivsten Sportarten für die Fettverbrennung. Bei einem Läufer sind 70% der Muskeln mit der Fettverbrennung beschäftigt, und das Laufen ist leicht zu erlernen, überall durchführbar und mit geringem Aufwand verbunden. Brainrunning zeigt den Weg auf, wie man das Laufen langfristig ohne körperliche Schäden durchhält und es zu einem festen Bestandteil des täglichen Lebens werden lässt. Um dieses zu erreichen, gibt es in diesem Buch und in einem Brainrunning-Seminar ganz konkrete Handlungsanweisungen. So kann nahezu jeder Mensch in drei Monaten seinen Körper dazu bringen, den ganzen Tag und auch in der Nacht Fett zu verbrennen. Nach drei Monaten hat der gesamte Stoffwechsel sich auf Fettverbrennung umgestellt, mit allen daraus resultierenden Vorteilen für den Körper.

Außerdem mit einem großen Vorteil für das Gehirn. Von nun an wird das **Gehirn** nämlich mit **100% mehr Sauerstoff** versorgt. Es ist wesentlich leistungsfähiger und „verkalkt" nicht. Um dieses leistungsfähige Gehirn dann noch optimal zu nutzen, wird durch Brainrunning eine Betriebsanleitung für die Benutzung des Gehirns gegeben. Diese besteht aus für jeden anwendbaren Techniken zum Lernen und Merken. Regelmäßige Anwendung dieser Merktechniken verbessert noch weiter die Leistungsfähigkeit des Gehirns und verhindert das Absacken der geistigen Leistung mit zunehmendem Alter.

Wie geht Brainrunning?

Um den vollen Erfolg durch Brainrunning zu erzielen, braucht man einerseits das Wissen, wie man das Gehirn effektiv nutzt und wie man im **Fettverbrennungspuls** läuft. Als technisches Hilfsmittel ist nur ein **Herzfrequenzmesser** unbedingt notwendig.

Für das tägliche Training des Gehirns werden in diesem Buch und in dem Seminar einfache **Techniken** vermittelt, wie man im Alltag Dinge auswendig lernen kann. Dabei ist es völlig egal, was auswendig gelernt wird. Mit den neu gelernten Techniken macht das **Auswendiglernen** Spaß. Ganz nebenbei verbessert sich die Allgemeinbildung, wenn man beispielsweise die 51 Bundesstaaten der USA kennt. Das Besondere an dem Auswendiglernen nach dem in diesem Buch beschriebenen System ist, dass es keine zusätzliche Zeit erfordert. Das heißt, Sie müssen keine einzige Minute am Schreibtisch sitzen, um ihr Gehirn zu trainieren. Lediglich um sich das System zu erarbeiten, müssen einige Minuten in der „alten" Lernhaltung, also sitzend am Schreibtisch, verbracht werden. Aber diese Minuten müssen nur einmal im Leben geopfert werden. Ab dann heißt Brainrunning, sein **Gehirn bei jeder Gelegenheit bewusst zu trainieren**. Trainiert werden kann an Namen, Zahlen, Handynummern, Fakten, Geburtsdaten, Staaten der Erde, Autobahnausfahrten oder Kaloriengehalten von Nahrungsmitteln. Wer jetzt ungeduldig wird und sofort wissen will, wie das geht, kann gleich zu dem Kapitel „Das römische Raum-Zahlen-System" springen. Dann wissen Sie in 15 Minuten, wie mühelos die Technik anzuwenden ist.

Das Laufen ist mit etwas mehr Aufwand als das Gedächtnistraining verbunden.

Als erstes brauchen Sie einen Herzfrequenzmesser, um den Fettverbrennungspuls während des Laufens genau einzuhalten und keine Zeit zu verschenken. Dann müssen Sie Ihren Fettverbrennungspuls kennen. Dies ist für jeden Einzelnen nicht exakt machbar, dafür braucht man einen Sportarzt. Durch Faustzahlen, die Atmung und Beobachtung des eigenen Körpers während und nach dem Laufen (Es gibt Dinge, an denen Sie erkennen, dass Sie nicht im Fettverbrennungspuls waren!) ist es möglich, sehr nahe an den Puls für die Fettverbrennung heranzukommen.

Dann heißt Brainrunning **fünf mal in der Woche für 30 Minuten in dem Fettverbrennungspuls zu laufen.** Dazu brauchen Sie Konsequenz, was vielen Menschen als das größte Problem erscheint! Das ist mir gut verständlich, aber Konsequenz ist machbar. Dazu das Kapitel „Das Brainrunning-Laufprogramm – Die ersten vier Wochen".

Sollten Sie einmal keine Zeit für die 30 Minuten finden, reicht auch ausnahmsweise ein Lauf von 15 Minuten, um den vollen Effekt aufrecht zu erhalten. Das lässt sich immer irgendwie einrichten!

Was habe ich davon, wenn ich Brainrunning mache?

Den ersten positiven Effekt haben Sie bereits nach einem Tag. Es ist fast **unmöglich**, sich eine **Erkältung** einzufangen, wenn man regelmäßig im richtigen Pulsbereich läuft. Laufen hebt die Stimmung, erhöht das **Selbstbewusstsein** und senkt das Stressempfinden. Der Körper ist viel widerstandsfähiger allein dadurch, dass die Psyche aufgeputscht wird. Außerdem haben Sie während des Laufens eine leicht erhöhte Körpertemperatur. Sie nehmen sich jeden Tag etwas Fieber, ohne dass Sie es merken. Fieber ist zur Bekämpfung von Bakterien da, wie Sie wahrscheinlich wissen! Täglich Fieber, das haben Bakterien gar nicht gerne und suchen sich lieber Kundschaft aus der großen Masse der Nicht-Sportler. Es gibt Untersuchungen, die besagen, dass bis zu einem Laufpensum von 30 bis 40 Kilometer in der Woche die Abwehrkraft gegen Infekte ansteigt und bei mehr Training wieder abnimmt. Meiner Ansicht nach stimmt das nur, weil fast alle Läufer mit einem Pensum von mehr als 40 Kilometern in der Woche ehrgeizige Ziele haben. Die große Masse trainiert dann außerhalb des Fettverbrennungspuls und schwächt den Körper. Im richtigen Pulsbereich kann man auch 100 Kilometer laufen und mit jedem Kilometer den Körper weiter stärken.

Ich bin mir nicht sicher, ob alle Ärzte hierin mit mir überein-
stimmen, aber bei mir war es so. Als ich ehrgeizig, sportlich
und schweißüberströmt mit hochroten Kopf lief, bekam ich
zwei mal pro Jahr eine Erkältung. Seitdem ich regelmäßig im
Fettverbrennungspuls laufe, habe ich keine gehabt, selbst als
meine gesamte Familie mich mit Bazillen bombardierte.

Der zweite, wie ich finde tollste Effekt überhaupt, stellte
sich nach 14 Tagen ein, der Zeitgewinn. Ich habe mehr Zeit,
weil ich seitdem ca. 30 Minuten **weniger Schlaf brauche**.
Von diesem zusätzlichen Erfolg habe ich in keinem Seminar
erzählt bekommen, in keinem Buch habe ich darüber gelesen
und vielleicht passierte es ja auch nur bei mir. Aber ich halte
mich für einen ganz durchschnittlichen, normalen Menschen
mit sechs bis sieben Stunden Schlafbedürfnis pro Tag, beziehungsweise pro Nacht. Wer mit vier Stunden auskommt, das
soll es angeblich geben, wird wahrscheinlich nicht noch einmal 30 Minuten abziehen können.

Erklären kann ich mir den geringeren Schlafbedarf schon.
Schlafen ist als Erholung für Körper und Geist gedacht. Wenn
beides fitter ist, erholt es sich eben schneller. Ein Sportler ist
nach fünf Stockwerken Treppensteigen innerhalb einer Minute wieder in normaler Verfassung. Ein Raucher mit 20 Kilo-
gramm Übergewicht und Bluthochdruck muss sich, oben angekommen, erst einmal setzen und 15 Minuten pausieren. Fit
sein heißt schneller erholen, fit sein heißt weniger schlafen.

Effekt Nummer drei ist für die letzten Zweifler nach einem
Monat erreicht. Die **Blutfettwerte** haben sich schon nach
vier Wochen deutlich **positiv verändert**. Dafür muss man
natürlich zu Beginn eine Bestandsaufnahme machen. Einen
Gesamtcholesterinwert von 200 bis 250 mg/dl ist nach vier
Wochen mit großer Sicherheit unter den kritischen Wert von
200 gesunken, und das ohne die Ernährung bewusst umzu-
stellen.

Die besseren Blutfettwerte sind auch anhand des Körperfettanteils zu erkennen. Wer eine Körperfettanalysewaage hat, wird eine deutliche **Senkung des Körperfettgehaltes** feststellen. Eine Reduktion des absoluten Körpergewichtes findet in so kurzer Zeit nur bei stark übergewichtigen Personen statt. Es wird Fett in Muskelmasse umgewandelt, deshalb ist eine leichte Gewichtszunahme bei Normalgewichtigen ein Zeichen dafür, dass das Training richtig war.

Nach **drei Monaten** merken Sie, wie ein Gehirn arbeitet, welches plötzlich doppelt so viel Treibstoff in Form von Sauerstoff zu Verfügung hat. Zusammen mit dem Gedächtnistraining **lösen Sie Probleme ganz nebenbei**, kommen Ihnen gute Ideen dann, wenn Sie sie brauchen und vor allem haben Sie die Energie, diesen Ideen auch sofort erste Schritte folgen zu lassen. Diese neue Leichtigkeit im täglichen Denken wird unterstützt durch die Techniken, die sofort am ersten Tag einsetzbar sind und mit einer Sicherheit von nahezu 100% funktionieren. Die Techniken beherrschen Sie sofort, der gesamte Level des Gehirns ist nach drei Monaten merklich besser geworden. Ab dann sind die Techniken auch nicht mehr ganz so wichtig. Kleinigkeiten, wie zum Beispiel eine Handynummer, können Sie sich dann auch ohne Technik merken.

Nach **einem Jahr** haben Sie mehr **Zeit**, mehr **Selbstvertrauen**, mehr **Erfolg**, dadurch mit hoher Wahrscheinlichkeit auch mehr **Geld**. Diese **Lebensqualität**, die dann erreicht ist gibt niemand jemals wieder freiwillig auf. Ganz sicher nicht!

Eines fehlt noch. Bei mir ist dieser Effekt noch nicht eingetreten. Nach einem Jahr soll sich die **somatische Intelligenz** wieder einstellen. Das ist die Form der Intelligenz, die einem sagt, was der Körper wirklich braucht. Dann muss ich mir morgens nicht mehr sagen: „Iss jetzt Deine Kiwi!" Dann ist die Kiwi tatsächlich leckerer als das Nutella-Brötchen!

Aber darauf warte ich noch!

Über das Buch

Brainrunning ist der Weg zu einem leistungsfähigen Gehirn. Dieses wird durch zwei Dinge erreicht: erstens durch Gedächtnistraining und zweitens durch Laufen im Fettverbrennungspuls.

Dieses Buch soll dem Leser zu einem optimal funktionierenden Gehirn verhelfen. Die Leistungsfähigkeit des Gehirns ist durch komplizierte IQ-Tests messbar. Diese interessieren mich persönlich nicht. Für mich ist es wichtig, eine Handynummer behalten zu können, wenn ich es will.

- Weiß ich die Nummern von vier Personen eines gemeinsamen Skiurlaubs während der gesamten Zeit des Urlaubs, so ist das für mich ein gutes Gedächtnis.

- Kenne ich alle Vornamen einer mir unbekannten Geburtstagsgesellschaft mit 15 Personen nach 30 Minuten für den Rest des Abends, so ist das für mich ein leistungsfähiges Gehirn.

- Brauche ich für das Auswendiglernen der 192 Staaten der Erde mit den Hauptstädten drei Stunden, so ist auch das für mich ein leistungsfähiges Gehirn.

Diese Dinge kann jeder lernen!

In meinen Seminaren habe ich bisher noch niemanden kennen gelernt, bei dem die im Buch beschriebenen Methoden keine Wirkung zeigten. Trotzdem schließe ich es nicht aus, dass es Menschen gibt, bei denen es nicht funktioniert!

Eines wird bei vielen Lesern vorkommen: Viele werden sich nicht auf die Übungen einlassen, die in dem Buch beschrieben sind. Das ist der Nachteil eines Buches im Vergleich zum Seminar.

Ich kann nicht helfen!

Die häufigste Lüge im Seminar folgt auf meine Bitte, sich folgendes vorzustellen: „Stellen Sie sich bitte vor, wie ein Blauwal in einem Briefkasten steckt!" Bei den meisten Teilnehmern sehe oder höre ich ein Lächeln; sie stellen es sich gerade vor. Aber einige sagen: „Nein, das kann ich mir nicht vorstellen!" Das war bisher noch jedes Mal gelogen. Die linke Gehirnhälfte kann sich das nicht vorstellen, das ist richtig. Es gab aber bisher niemanden in einem Seminar, der die rechte Gehirnhälfte tatsächlich nicht benutzen konnte. Nur manchmal musste ich helfen, die geistige Blockade einzureißen. Zum Beispiel: „Der Blauwal ist ziemlich klein, oder der Briefkasten ist ziemlich groß!"

Ich versuche in diesem Buch solche Blockaden vorherzusehen, kann aber nur denen, die zum Selbsttest bereit sind, den Erfolg garantieren.

Der Erfolg ist garantiert!

Ich halte mich nicht für außergewöhnlich intelligent, und es hat sofort funktioniert. Sofort, ohne zu üben!

Mein Handicap in der Schule war meine Faulheit. Meine guten Noten habe ich zu 80% über die mündliche Beteiligung erreicht. Neun Jahre auf dem Gymnasium in Niebüll habe ich es geschafft, meine Lehrer davon zu überzeugen, dass meine Arbeiten immer nur „Ausrutscher" waren. Während der gesamten Studienstufe hatte ich nicht eine einzige „Zwei" geschrieben. Mein Abitur habe ich trotzdem mit 2,8 gemacht.

Das Lernen zu Hause war mir zu anstrengend und langweilig. Wenn ich aber in der Schule nun mal da war, habe ich mich beteiligt, wo ich nur konnte.

In diesem Buch werde ich Methoden vorstellen, die bei mir und vielen tausend anderen wirken und Spaß machen.

Soviel zu den Techniken, der „Betriebsanleitung für das Gehirn".

 14

Ein anderer Aspekt ist die höhere Leistungsfähigkeit des Organs „Gehirn". Durch das Laufen besteht die Möglichkeit, das Gehirn zu „tunen". Aus einem Vierzylinder einen Sechszylinder zu machen! Dr. Ulrich Strunz sagt: „Von der Ente zum Zwölfzylinder!" Leider bin ich weder jemals eine Ente noch einen Zwölfzylinder gefahren. Deshalb kenne ich den Unterschied nicht aus eigener Erfahrung. Aber ich hatte viele Jahre einen Vierzylinder und habe seit Oktober 2000 einen Sechszylinder. Der Vergleich passt sehr gut!

Ich fahre nicht schneller als früher, der Vierzylinder war auch nicht schlecht, aber alles ist viel müheloser. Für die gleiche Leistung muss ich mich bzw. das Auto nicht mehr so anstrengen. Wenn ich die Leistung aber brauche, zum Überholen vielleicht, dann passiert wirklich etwas beim Tritt auf das Gaspedal! Und das entspannte Gefühl, die Leistungsfähigkeit zu besitzen, macht ein hohes Maß an Fahr- bzw. Lebensqualität aus.

Diesen Effekt für das Gehirn erreicht man durch richtiges Laufen. Leider nicht am ersten Tag. Das Warten darauf ist nicht leicht. Der innere Schweinehund ist da, und Laufen halten viele Menschen für anstrengend. Sich kurzzeitig zu motivieren, hat schon fast jeder einmal geschafft. Nur langfristig beim Laufen zu bleiben, das macht den Sechszylinder aus.

Ich vermute, dass ich am 15.12.2000 bei einem Seminar von Dr. Ulrich Strunz den Schlüssel zum entgültigen Sieg gegen den „Porcus Canis Interior", den inneren Schweinehund, gefunden habe. Der Test mit einer Person, die bei Null anfängt, beginnt heute. Bis zur Fertigstellung des Buches werde ich wissen, ob es gewirkt hat.

Den Schlüssel werde ich im zweiten Teil des Buches versuchen zu beschreiben.

Die vielen positiven Effekte für den Körper gibt es als Bonus!

Ich werde in diesem Buch, vor allem in dem Teil über das Laufen, sehr viel von mir selbst berichten. Das hat den Grund, dass ich kein Mediziner bin. Welche Auswirkungen das Laufen auf mich hat, kann ich genau sagen. Bei anderen Menschen kann es sich durchaus anders verhalten. Bei wissenschaftlichen Büchern oder Berichten hört es sich oft so an, als ob es nur den einen, vom Autor beschriebenen Weg gibt. Was heute Wahrheit ist, kann in 5 Jahren völlig anders sein. Ein in Fitnesskreisen bekannter Autor schreibt in einem Buch 1999: „Erfahrene Läufer empfehlen die Vorfußtechnik!" Nachfolgend beschreibt der Autor die Technik. Im März 2001 las ich in einer Zeitschrift, wie derselbe Autor in einem Interview sagt, dass die Vorfußtechnik fälschlicherweise propagiert wird. Der gute Mann hat immerhin einen Doktortitel in Medizin!

Was ich damit sagen will ist:

- Es gibt mehr als eine Methode, die funktioniert!

  Viele Wege führen nach Rom

- Jeder muss mehrere Techniken kennen, um bei Bedarf die richtige Laufmethode auszuwählen.

  Wenn man in sein Auto einen größeren Motor einbauen will, braucht man mehr Werkzeuge, als nur einen 17er Schlüssel!

- Der Körper hat das letzte Wort. Ich muss lernen, auf ihn zu hören, denn er ist mein Freund!

Dieses Buch können Sie auf mehrere Arten lesen. Entweder Sie lesen es von Anfang bis Ende, wenn Sie aber nicht gerne und viel lesen, können Sie auch sofort zum jeweiligen Kapitel springen, das Sie besonders interessiert.

Wie kam ich zum Laufen?

Eigentlich bin ich ein ganz normaler Mensch.

Seit dem 1.1.1997 habe ich einen Bauernhof mit 60 Milch-
kühen, den ich von meinen Eltern übernommen habe.

Damit sind drei Probleme verbunden:

- Wenig Zeit

- Rückenprobleme

- Reichlich Ehrenämter

Was diese Probleme mit dem Laufen oder dem Gehirn zu
tun haben, dazu später mehr.

Meine ersten freiwilligen Laufschritte habe ich in Dänemark
während einer Urlaubsreise gemacht. Ein talentierter, von allen bewunderter Fußballer war mit im Urlaub. Um fit zu bleiben, lief er, und ich lief mit. Es wunderte mich, dass ich es
aushielt, ca. 30 Minuten zu laufen. Ich war also immer schon
einigermaßen fit.

1985 im Hochsommer nahm ich an meinem ersten Volks-
lauf teil. Es war im Westerwald, Sonne und über 30 Grad. Es
standen 10 und 20 km zur Auswahl. Ich lief die kleine Strecke.
Am Ziel angekommen, war ich fix und fertig, wollte nur noch
trinken und sitzen. Ich saß und trank also im Zielbereich und
war eben erst angekommen, als ein Greis ins Ziel lief. Er war
75 Jahre alt, wie ich später erfuhr, er lächelte und fing sofort
an, sich angeregt mit anderen Läufern zu unterhalten. Ach ja,
er war übrigens die 20 km gelaufen. Da beschloss ich, Laufen
zu meinem Hobby zu machen.

Einen weiteren starken Einfluss auf meine Entscheidung,
für den Rest meines Lebens zu laufen, hatte mein Opa.

Er ist im Jahr 2000 im Alter von 90 Jahren gestorben. Ge-
sundheitlich war er für mich ein Vorbild, weil:

- 50 Jahre aktiver Reiter. Mit 80 Jahren hatte er eine Hal-
tung auf dem Pferd, von der viele Jüngere lernen konnten.

- Mit 80 Jahren goldenes Tanzabzeichen, als wahrscheinlich ältester Schleswig-Holsteiner, der es je abgelegt hat.
- Nach der Rente jedes Jahr zwei Monate auf Gran Canaria in Urlaub.
- Mit 85 Verlust seiner Lebensgefährtin, nach wenigen Monaten hatte er eine neue Freundin.

War das Zufall, dass er bis ins hohe Alter so fit war? Nicht die Spur! Seit dem Rentenalter ging er in der Sommersaison vom ersten bis zum letzten Tag im Schafflunder Freibad schwimmen. Jeden Morgen um 07:00 Uhr eine Stunde. Zusätzlich noch eine halbe Stunde Frühsport, Kniebeugen und Dehnungsübungen, und das ohne jemals von Wellness oder Fitnesswelle gehört zu haben.

Diese Lebensqualität bis ins hohe Alter strebe ich auch an. Je früher man damit beginnt, sich fit zu halten, desto leichter fällt es.

Mein Ziel für die Fitness:

Mit 75 Jahren will ich den Berlin-Marathon in einer Zeit von 5 Stunden laufen.

Da nützt es nichts mit 70 daran zu denken, sondern schon jetzt mit 34 Jahren muss ich jedes Jahr einen Marathon laufen, wenn ich das Ziel ernst nehme. Ich nehme es ernst, weil mein Opa mir gezeigt hat, dass es sich lohnt. Ein Nebeneffekt ist, dass die Lebensqualität der Gegenwart mindestens genauso steigt. Es wäre sicherlich falsch sich nur damit zu motivieren, dass man es einmal in 40 Jahren gut haben wird. Zu viel kann dazwischen kommen. Unfall, Krankheiten usw. können jeden treffen.

Im ersten Teil des Buches geht es um das Gedächtnistraining und im zweiten Teil um das Laufen im Fettverbrennungspuls.

Teil 1:
Betriebsanleitung für das Gehirn

Machen Sie bitte mit der rechten Hand eine Faust. Jetzt machen Sie mit der linken Hand ebenfalls eine Faust. Legen Sie jetzt beide Fäuste so zusammen, dass die Daumen zu Ihnen zeigen. Was Sie jetzt sehen, entspricht in etwa der Größe Ihres Gehirns.

Von der unglaublichen Leistungsfähigkeit des Gehirns nutzen Sie nur 10 bis 15%. Dabei liegt bei den meisten Menschen das Schwergewicht auf der linken Gehirnhälfte. Die linke Gehirnhälfte ist für Logik, Zahlen und Details zuständig. Die rechte Gehirnhälfte beherbergt die Kreativität und Flexibilität. Die rechte Hälfte ist etwas langsamer als die linke, hat was die Merkfähigkeit betrifft, aber keine Obergrenze. Wirklich keine!

Als ich 1993 als Teilnehmer in einem Seminar zum Thema Gedächtnistraining saß, war ich der Überzeugung, ein schlechtes Gedächtnis zu haben. Zu Beginn wurde ein Test gemacht. Wir waren 20 Seminarteilnehmer. Alles Bauern wie ich. Uns wurden 10 Begriffe gesagt, die wir uns merken sollten. Ich hatte 6 von 10 und war damit leicht unter dem Durchschnitt der Teilnehmer. Zehn Minuten später machten wir einen zweiten Versuch mit zehn neuen Begriffen, nachdem uns die Technik der rechten Gehirnhälfte erklärt worden war. Von uns 20 hatten die Hälfte alle 10 Begriffe. Ich gehörte auch dazu. Von 6 auf 10 in 10 Minuten. Das hat mich begeistert, und ich kaufte mir ein Buch zum Thema Gedächtnistraining. Darin stand: „Was Sie mit 10 Begriffen schaffen, geht mit der gleichen Sicherheit auch mit 100 Begriffen!" Dann besorgte ich mir die Namen der 192 Staaten der Erde mit Hauptstädten, um diese auswendig zu lernen. In drei Stunden habe ich nebenbei beim Melken oder Autofahren diese große Datenmenge auswendig gelernt. Es gibt keine Grenze!

Die geistige Leistungsfähigkeit

Sind Sie zwischen 18 und 25 Jahren alt? Falls ja, haben Sie Glück, denn dann haben Sie aller Wahrscheinlichkeit nach Ihr geistiges Leistungshoch erreicht und noch nicht überschritten.

Bis zum 18. Lebensjahr steigt die geistige Leistungsfähigkeit eines durchschnittlichen Deutschen an, ab dem 25 Lebensjahr nimmt Sie wieder ab. Der Anstieg bis zum 18. Lebensjahr und der hohe Level bis 25 ist bei den meisten Personen gleich. Ab dann driftet die Kurve weit auseinander. Entweder steigt sie noch weiter leicht an, bis im hohen Alter einige biochemische Prozesse nicht mehr optimal funktionieren, oder sie sinkt mehr oder weniger schnell gegen „Null".

**geistige
Leistungsfähigkeit**

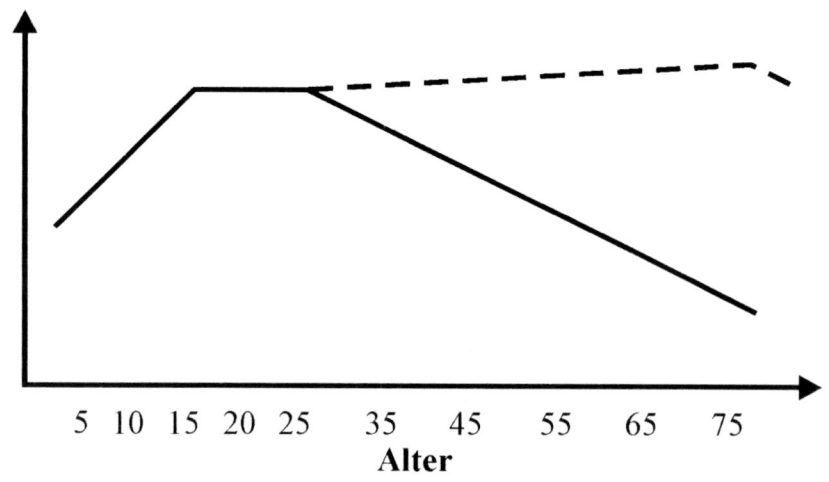

5 10 15 20 25   35   45   55   65   75

Alter

Warum ist das so?

Weil wir bis zum 25. Lebensjahr dazu gezwungen werden, zu lernen! In Deutschland besteht die Schulpflicht bis zum 18. Lebensjahr. Dann machen viele noch Abitur oder einen anderen schulischen Abschluss. Dann beginnt Studium oder Ausbildung. Bis man 25 ist, geht fast jeder zumindest zeitweise zur Schule. Ab dann wird es freiwillig.

Was heißt „zur Schule gehen" für die Kinder oder Jugendlichen? Es bedeutet, dass sie fünf Tage in der Woche ca. vier Stunden am Tag lernen und das Gehirn aktiv benutzen. Ob das Gelernte sinnvoll ist oder nicht ist dem Gehirn völlig egal. Hauptsache es wird benutzt! Das bedeutet also fünf mal wöchentlich für das Gehirn vier Stunden Fitnessstudio. Machen Sie das mal mit den Muskeln, da sollen sie wohl wachsen! Ob mit 20 oder mit 70 Jahren, ein Muskelaufbau ist immer möglich. Genauso verhält es sich mit dem Gehirn und der geistigen Leistungsfähigkeit.

Ab 25 liegt es in Ihrer Verantwortung! Niemand zwingt Sie ins mentale Fitnessstudio. Jetzt müssen Sie sich entscheiden: Nehme ich den absteigenden oder den aufsteigenden Ast der geistigen Fitness?

Sollten Sie die Vermutung haben, dass Sie den Hochpunkt bereits Richtung abwärts verlassen haben, so ist das nicht schlimm. Das Rad der Zeit kann man In diesem Fall wieder zurückdrehen. Nur nicht zum Nulltarif!

Zum ersten brauchen Sie saubere Adern, damit Ihr Gehirn gut mit Sauerstoff versorgt wird und nicht verkalkt. Dazu lesen Sie den zweiten Teil des Buches über das Laufen.

Zum zweiten müssen Sie täglich ins mentale Fitnessstudio gehen. Die schlechte Nachricht dazu ist, dass Sie konsequent sein müssen. Die gute Nachricht ist: es kostet kein Geld und fast keine Zeit.

Die Konsequenz schaffen Sie, indem Sie vier Wochen lang jeden Tag etwas für Ihr Gehirn tun. Entweder wenden Sie eine der Techniken an, die im ersten Teil dieses Buches beschrieben werden, oder Sie trainieren anders einmal täglich das Gehirn (siehe Kapitel „Tägliches Training"). Vier Wochen lang müssen Sie sich täglich aufschreiben, was genau Sie für Ihr Gehirn getan haben. Dann haben Sie den inneren Schweinehund besiegt und es ist für Sie normal geworden. Nach vier Wochen dürfen Sie auch mal einen Tag pausieren!

Gedächtnistraining macht entweder Spaß (Kapitel „Tägliches Training") oder kostet keine Zeit. Die Techniken, die zum Merken von Namen, Zahlen usw. beschrieben sind, können „nebenbei" angewandt werden. Sämtliche 192 Staaten der Erde inklusive Hauptstädte habe ich beim Melken auswendig gelernt. Nur das Erstellen der Systeme kostet anfangs etwas Zeit. Die Arbeit muss man sich aber nur einmal im Leben machen.

Die Wahrnehmung

Wir Menschen müssen täglich Millionen von Informationen verarbeiten. Den weitaus größten Teil verarbeitet das Unterbewusstsein. Es entscheidet, welche Informationen in das Bewusstsein dringen und vom Großhirn in irgendeiner Form aufbereitet werden. Ist eine Information ein Grenzfall, das heißt, das Unterbewusstsein kann sich nicht entscheiden, ob die wahrgenommene Information in das Bewusstsein gelangt oder nicht, gibt es ein Dejavu.

Ein Dejavu ist immer eine Situation, die halb interessant ist. Zum Beispiel kreuzt eine Katze vor einem die Straße. Ich denke: „Genau das hast Du schon einmal erlebt. Jetzt wird gleich das passieren!" Was „das" ist, kann ich gar nicht mehr beschreiben, weil es schon passiert ist, bevor ich es durchdacht habe. Die Situation mit der Katze habe ich dann zweimal in meinem Kopf gespeichert, die Datei liegt doppelt vor, in Computersprache gesprochen. Das Bewusstsein hat eine Datei erstellt und das Unterbewusstsein gleichzeitig auch. Das Bewusstsein bildet sich aber ein, dass nur es selbst Dateien erstellen kann und sagt sich deshalb: „Die Datei muss ich früher schon einmal erstellt haben. Das ist aber so lange her, dass ich mich nicht daran erinnern kann, sie erstellt zu haben!" Diese Erklärung des Phänomens Dejavu (meine persönliche, es gibt bestimmt noch andere!) soll nur verdeutlichen, wie komplex und schnell unser Gehirn arbeitet. Die Mediziner wissen noch nicht genau, was im Gehirn vor sich geht. Die Gehirnforschung ist noch relativ jung. Ständig kommen neue Erkenntnisse dazu.

Für das Gedächtnistraining ist es nur wichtig zu wissen, wie das Gehirn funktioniert. Warum das so ist, werden wir vielleicht in der Zukunft einmal erfahren.

In unserem Gehirn werden Informationen ständig sortiert. Je größer die Flut von Informationen wird, desto mehr müssen wir selektieren. Im Mittelalter war ein Reisender, der in ein Dorf kam, eine Sensation. Alle Dorfbewohner eilten herbei, um Neues zu erfahren. Die Menschen haben alle Informationen wie ein Schwamm aufgesogen. Das Gehirn war unterfordert. Es gab keine Zeitungen, keine Bücher, kein Fernsehen, nur 16 Stunden Arbeit täglich.

Dies hat sich Anfang des zwanzigsten Jahrhunderts rapide verändert. Bald konnte durch die allgemeine Schulpflicht jeder lesen. Irgendwann wurden Bücher und Zeitschriften für jedermann erschwinglich und der Rundfunk, später das Fernsehen ergänzte die Printmedien. Bereits Anfang des Zwanzigsten Jahrhunderts wurde die Grenze dessen Überschritten, was unser Gehirn an Informationen bewusst verarbeiten kann. Die Informationsflut begann. Unser Gehirn musste ab jetzt filtern.

Heute stehen uns unendlich viele Informationen zur Verfügung. Diese Informationen sind für jeden normalen Menschen verfügbar. Durch das Internet hat sich das Angebot an Informationen noch verzigfacht. Jede nur denkbare Frage kann ich mir heute mit vertretbarem finanziellen Aufwand beantworten. Nur mein Gehirn hat bei seiner Entwicklung vor einigen hunderttausend Jahren leider noch nichts vom Internet gewusst.

Trotzdem zieht sich das Gehirn nicht ganz aus der Verantwortung zurück. Es filtert. Diese Wahrnehmungsfilter sind der Schlüssel zum Gedächtnistraining.

Einige Informationen bleiben automatisch im Filter hängen. Wichtige Informationen, die unser Gehirn nicht freiwillig filtert, müssen wir so umbauen oder auch markieren, dass sie im Filter hängen bleiben. Das ist Gedächtnistraining.

Welche Filter sind das aber nun?

Dafür machen Sie bitte folgende Übung:

Stellen Sie sich vor, Sie nehmen einen Stuhl und setzen sich eine Stunde an eine vielbefahrene Straße in Ihrer Umgebung und beobachten die Autos. Ohne zu zählen, einfach nur anschauen. Es fahren 300 Autos an Ihnen vorbei. Alle haben Sie bewusst angesehen. Darunter war vielleicht: Ein BMW, Daimler, Golf, Golf Cabrio, Passat, Mazda, Porsche 911, Scania LKW, Pritschenwagen, Ihr bester Freund in seinem Audi A4, noch ein BMW, Daimler, Volvo, SMART-Cabrio, Opel Vectra, Audi TT, Motorrad, ein Elefant auf Rollschuhen, ein VW-Bus, Fiat, Seat, Golf GTI, Suzuki, Ford, usw, ...

Jetzt gehen Sie wieder nach Hause. Nach einer Stunde nehmen Sie einen Zettel und schreiben die Fahrzeuge auf, an die Sie sich erinnern. Einige werden Sie auf der Liste haben, weil der Golf 30 mal dabei war, aber dass Ihr bester Freund in seinem schwarzen Audi A4 dabei war, werden Sie garantiert noch wissen. Auch an den Elefanten auf Rollschuhen werden Sie sich noch erinnern. Von dem werden Sie noch Ihren Enkeln erzählen!

Folgendes ist passiert:

Sie haben sich das Bekannte gemerkt! Nämlich Ihren Freund, den und sein Auto kennen Sie, deshalb merken Sie es sich. Sie kennen auch einen Golf, aber zu dem Audi A4 haben Sie eine persönliche Beziehung. Deshalb entscheidet Ihr Gehirn: Das merke ich mir!

Von 100 Personen, die diesen Test machen, würden garantiert alle die bekannte Person, bzw. deren Auto nennen können. Der Wahrnehmungsfilter „Bekanntes" wirkt nicht nur „ganz gut", sondern mit hundertprozentiger Sicherheit.

Ein zweites Fahrzeug hätten ebenfalls alle Testpersonen nennen können: den Elefanten auf Rollschuhen. Nicht, weil er bekannt war, sondern weil das merkwürdig war. Es war eigenartig, komisch, skurril, eben „merkwürdig". Unser Gehirn entscheidet: Das ist würdig, es mir zu merken!

So ist das Wort „merkwürdig" entstanden. Damit erklärt sich eigentlich alles von selbst.

Noch ein Beispiel aus meinen Seminaren. In einem Gedächtnistraining-Seminar mache ich folgenden Wahrnehmungstest:

Ich sage laut 22 Worte und Begriffe hintereinander weg. Dabei sind Verben, Artikel und Hauptworte enthalten. Die Seminarteilnehmer sollen einfach nur zuhören, ohne sich bewusst etwas zu merken. Wir wollen testen, wie das Gehirn ohne Anleitung funktioniert. Beispiel: Das Seminar findet in Mönkebüll in Nordfriesland statt. Folgende Worte sage ich:

Der, Baum, weg, und, sonst, Reihe, jenseits, Mönkebüll, Zimmer, gehen, von, und, zwei, sein, Leonardo da Vinci, Alter, der, weit, ohne, Finger, weg, Wechsel.

Nach einer kurzen Pause lasse ich fünf der Worte aufschreiben. Jeder für sich. Einige haben natürlich auch sechs oder sieben. Drei Worte haben fast immer alle Teilnehmer auf dem

Zettel stehen. Das sind: Der, Mönkebüll, Leonardo da Vinci. „Baum" folgt auf Platz 2 und „weg" ist auch recht oft dabei.

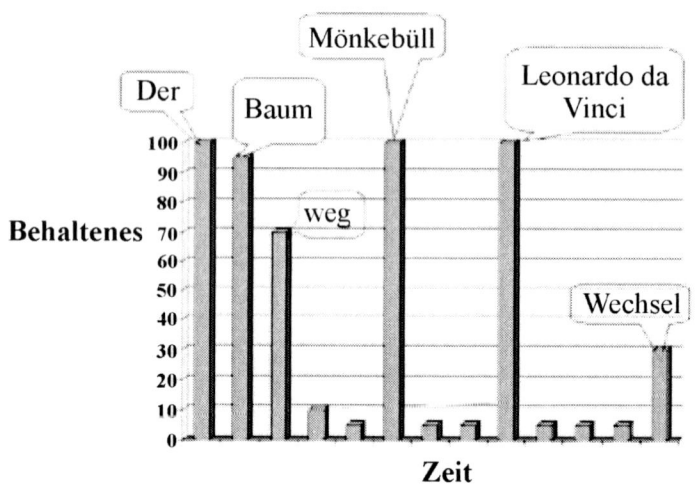

Abbildung 1: Wahrnehmung

Aus welchem Grund ist wohl „Der" so häufig, mit nahezu hundertprozentiger Sicherheit erinnert? Ganz klar, es war der erste Begriff. Da war das Gehirn noch voll aufnahmefähig, obwohl es zweifellos der unwichtigste Begriff von allen war. „Baum" war der zweite Begriff und auch noch sehr gut vertreten, „weg" war auch noch in Ordnung, aber dann geht es rasant abwärts. Bereits ab dem fünften Begriff sind viele Worte ganz weg, nicht einer der Seminarteilnehmer hat vielleicht „jenseits" aufgeschrieben. Dann kommt „Mönkebüll", und was ist wohl passiert, jeder hat es sich gemerkt! Kennen Sie Mönkebüll? Wenn Sie nicht aus Nordfriesland kommen, sicherlich nicht. Dann hätten Sie keine Chance gehabt, das Wort „Mönkebüll" zu behalten. Die Seminarteilnehmer haben aber eine besondere Beziehung zu dem Ort, weil dort das Seminar stattfindet. Es ist ihnen bekannt. Das merkt sich jeder! Zu

100%. Nicht nur ganz gut, sondern mit absoluter Sicherheit. Wenn ich in Österreich bin, ist „Mönkebüll" logischer Weise nicht der Reißer. Der Ort ist nicht bekannt.

Sofort nach „Mönkebüll" geht es wieder ab in den Keller. Dann dümpelt die Merkfähigkeit auf niedrigem Niveau vor sich hin, bis zu „Leonardo da Vinci". Wieder hat jeder „Leonardo" aufgeschrieben. Trotzdem ist „Leonardo" etwas anderes als „Mönkebüll", denn „Leonardo da Vinci" klappt sowohl in Nordfriesland als auch in Österreich! Es passt nicht in die Reihe. Deshalb entscheidet das Gehirn: „Es ist würdig mir zu merken!" Also merkwürdig.

Wäre die Reihe gewesen: Boris Becker, Cicero, Brigitte Bardot, Mutter Theresa, Leonardo da Vinci, Vincent van Gogh, ..., dann hätte das Gehirn Leonardo nicht als merkwürdig deklariert. Es passt logisch in die Reihe.

Wir merken also, das Gehirn arbeitet anders als wir es gerne hätten. Es unterscheidet nicht zwischen wichtig und unwichtig, sondern nach völlig anderen Kriterien.

Wenn Sie zum Beispiel einen Vortrag hören, können Sie sich die ersten zehn Minuten gut konzentrieren, dann geht die Aufmerksamkeit allerdings in den Keller, es sei denn, Sie sind wirklich interessiert. Angenommen, der Redner ist dann noch eher langweilig, dann schalten Sie bald ab, bis er ein Beispiel bringt, das Sie persönlich betrifft. Ist der Vortrag über Aktien und der Vortragende sagt: „Den eben beschriebenen Effekt hatten wir vor drei Wochen bei Infinion!", werden Sie garantiert aufwachen, wenn Sie Aktien von Infinion haben. Sie können noch so fest geschlafen haben! Ihr Gehirn hat das „Bekannte" wahrgenommen.

Ähnlich funktioniert es die Zuhörer aufzuwecken, wenn irgend etwas Unerwartetes passiert. Nach 30 Minuten Monolog wird plötzlich ein kurzer Film gezeigt. Das findet Ihr Gehirn gut! Das ist **merkwürdig**. Ebenso ein Witz. Dabei ist nicht gesagt, dass der Witz einen Informationsgehalt hat oder der Film besonders gut war. Es war nur anders und damit würdig zum Merken für das Gehirn.

Leider darf man sich nichts darauf einbilden, dass man sich das Bekannte und das Merkwürdige so gut merken kann. Es bringt einen überhaupt nicht weiter, sich das Bekannte zu merken. Das Unbekannte müsste man sich merken können! Das hätte einen Nutzen. Wenn die Österreicher sich „Mönkebüll" merken würden, könnten Sie fragen, wo das liegt und ob man das kennenlernen sollte. Aber nein, nur die Mönkebüller merken sich „Mönkebüll", und denen kann ich nun gerade nichts Neues über ihr eigenes Zuhause erzählen!

Mit „Leonardo da Vinci" ist es genau das Gleiche. Nur dadurch, dass es merkwürdig ist, wird es nicht wichtiger als „Zimmer".

1. Das Bekannte

2. Das Merkwürdige

Die zwei Wahrnehmungsfilter sind wichtig für das Gedächtnistraining und alle Merkleistungen, welche man als „Auswendiglernen" bezeichnen könnte.

Dann merkt man sich noch Dinge, für die man sich bewusst interessiert. Dafür ein Beispiel:

Vor einigen Jahren, als ich mit meiner Seminartätigkeit begann, hatte ich einen alten Ford Escort Diesel. Kein sehr schönes Auto, ich wollte bald ein anderes, aber der Escort war sehr billig zu fahren. Er verbrauchte 4,9 Liter auf 100 Kilometer und war Baujahr 1986. Das Auto hatte noch ca. sechs Monate TÜV, und solange wollte ich es noch fahren und dann ein neues kaufen.

Ich fahre also mit meinem Escort auf der Autobahn zu einem Seminar. Plötzlich leuchtet die rote Ölkontrolllampe auf. Ich rolle noch auf die Standspur, und schon kommt Qualm aus dem Motorraum. Haube auf, und ich sehe schon, wie die Kolben aus dem Zylinder quellen. Fazit: Schrott! Eine Reparatur lohnt sich garantiert nicht, zumal ich ohnehin ein neues Auto will. Aber eigentlich erst in einem halben Jahr. Nun brauche ich aber ganz schnell eines. Da ich einen Pferdeanhänger habe, könnte ich mir vorstellen, dass mein nächstes Auto ein Geländewagen wird. Mit dem Escort und dem Anhänger war das immer eine recht wackelige Angelegenheit. Ich hatte deshalb schon öfters an einen Geländewagen gedacht, aber es war ja noch sechs Monate Zeit. Jetzt plötzlich nicht mehr. Ich brauche also, so schnell es geht, Informationen über Geländewagen.

Da ich Mitglied im ADAC bin, reicht ein Anruf. Der ADAC holt mich an der Autobahn ab und fährt mich in das Hotel. Ganz entspannt sitze ich neben dem ADAC-Fahrer und schaue auf die Autobahn. Was meinen Sie, wie viele Geländewagen ich plötzlich auf der Straße sehe? Mindestens jedes zweite Auto ist ein Geländewagen! Natürlich ist das Aufkommen an Geländewagen nicht einen Deut höher, als vor einer Stunde, aber jetzt sehe ich sie alle. Keiner entgeht mir! Dafür muss ich mich nicht anstrengen. Ich sehe Sie ganz automatisch, weil ich mich jetzt bewusst dafür interessiere.

Am Wochenende bin ich wieder zu Hause, schlage die Zeitung auf und entdecke die halbseitige Anzeige vom Allradzentrum in Flensburg. Die wurde zwar jeden Samstag abgedruckt, ich habe sie aber nie wahrgenommen. Jetzt springt sie mir förmlich ins Auge.

Das bewusste Interesse ist der dritte Filter und er wirkt so sicher wie die beiden ersten Filter.

Der Vollständigkeit halber sage ich Ihnen noch den vierten. Eigentlich ist das der erste, weil der wichtigste. Unser Gehirn filtert Lebenswichtiges heraus!

Ein Beispiel:

Eine Mutter mit einem zwei Wochen alten Baby ist todmüde. Das Schlafzimmer liegt direkt neben einer Autobahn. Die Lautstärke im Zimmer beträgt durch die vorbeifahrenden LKWs fast 100 Dezibel. Trotzdem schläft die Mutter, ohne von den LKWs geweckt zu werden. Jetzt beginnt ihr Kind ganz leise zu weinen. Sofort wird sie wach! Das Gehirn hat die viel leiseren, aber lebenswichtigen Informationen aus dem lauten Straßenverkehr herausgefiltert.

Wir fassen zusammen:

Im Zeitalter der Informationsflut gehen viele Informationen verloren. Es sei denn, sie werden durch einen der vier Wahrnehmungsfilter

1. Lebenswichtiges

2. Bekanntes

3. Merkwürdiges

4. Bewusstes Interesse

aus der Flut von Informationen hervorgehoben. Informationen, die in diesen Filtern „hängen bleiben" kann man sich merken.

Das Merken funktioniert mühelos, mit nahezu hundertprozentiger Sicherheit und bei jedem Menschen.

Aus dem zweiten und dem dritten Filter, dem „Bekannten" und dem „Merkwürdigen", werden wir jetzt die Systeme, die für das Gedächtnistraining notwendig sind, ableiten.

Das römische Raum-Zahlen-System

Jetzt lernen Sie die erste und meiner Ansicht nach beste Gedächtnistechnik kennen. Mit dem nun folgenden System kann man sich leicht Einkaufslisten, Termine, Daten, Fakten und auch Namen merken.

Das römische Raum-Zahlen-System ist bereits einige tausend Jahre alt.

Es wurde von den römischen Rethorikern erfunden. Cicero, Ovid und andere aus dem Lateinunterricht bekannte Größen der Schriftstellerkunst hatten in Rom nur die Aufgabe, zu schreiben. Dafür wurden sie vom römischen Staat bezahlt. Sie haben unter anderem auch Reden geschrieben und diese Reden gehalten. Es waren philosophische und politische Reden über Gott und die Welt. Das Besondere daran war, dass die Reden auswendig vorgetragen wurden. Nicht nur durch gutes Vorlesen mit Blickkontakt zu den Zuhörern, sondern ganz ohne Vorlage. Trotzdem stand der Wortlaut schon vorher fest. Um eine Rede Wort für Wort auswendig zu lernen, haben die Rethoriker das System entwickelt.

Eine Eigenart hatten die Rethoriker außerdem. Sie gingen in Rom spazieren, um ihre Gedanken zu sammeln. Aber nicht mal hier, mal da, sondern immer die gleiche Spaziertour, um das Gehirn mit mehr Sauerstoff zu versorgen (ich bin nicht der erste mit Brainrunning!) und trotzdem nicht abgelenkt zu werden. Aus diesem Grund kannten sie die Spaziertour in- und auswendig. Sie konnten aus dem Kopf jeden Baum, jeden Strauch und jede Hausecke nacheinander aufzählen. Das mussten Sie nicht lernen. Es war so bekannt, wie es Ihnen, lieber Leser, bekannt ist, wo der Couchtisch in Ihrem Wohnzimmer steht.

Dieses Wissen der markanten Punkte der Spaziertour haben sie folgendermaßen zum Auswendiglernen benutzt:

Jeden Satz der Rede hat der Redner in die Schlüsselbegriffe zerlegt. Ein ganz einfaches Beispiel: „Meine Damen und Herren, ich möchte Sie herzlich begrüßen!" Die Schlüsselbegriffe sind „Damen", „Herren" und „herzlich begrüßen". Diese Schlüsselbegriffe haben die Rethoriker sich dann bildlich vorgestellt. „Damen" als Damen, „Herren" als Herren und „herzlich begrüßen" als großes Herz. Der letzte Schritt war dann, diese Schlüsselbegriffe am ersten Platz der Spaziertour im Kopf zu verankern. Die erste Station der Spaziertour war vielleicht ein Hauseingang. In den Hauseingang stellten sie einfach Damen und Herren, die alle gemeinsam ein riesiges Herz in der Hand hielten. Wenn dann der Moment der Rede kam, stellten sich die Rethoriker ohne Vorlage an das Rednerpult und gingen im Geiste ihre Spaziertour ab. Am ersten Platz der Tour, dem Hauseingang, sahen sie nicht nur den Eingang, sondern automatisch auch die Damen und Herren, die das Herz hielten. Dann war es unmöglich, nicht zu sagen: „Meine Damen und Herren, ich möchte Sie herzlich begrüßen"!

Drei interessante Dinge wussten die Römer also über das Gehirn:

1. Das Gehirn merkt sich mit der rechten Gehirnhälfte zu 100% das Bekannte.

2. Die rechte Gehirnhälfte kennt kein „Blackout".

3. Die linke Gehirnhälfte wirkt als Autokorrektur, um den Satz zu bilden aus „Damen, Herren und Herz".

Dieses System werden wir jetzt selbst für uns erarbeiten und zwar mit einem Ort, der uns sehr gut bekannt ist. Wie die Spaziertour in Rom den Römern. Statt Rom nehmen wir aushilfsweise ein Zimmer in unserer Wohnung.

Praxis:

Nehmen Sie ein Blatt Papier für das erste Zimmer des Raum-Systems. Entscheiden Sie sich für einen Raum. Die besten

Erfahrungen habe ich gemacht, wenn man einen Raum auswählt, in dem man sich gut auskennt und wohlfühlt. Vielleicht das Wohnzimmer.

Jetzt malen Sie als Skizze den Grundriss des Zimmers. Zeichnen Sie die Tür ein.

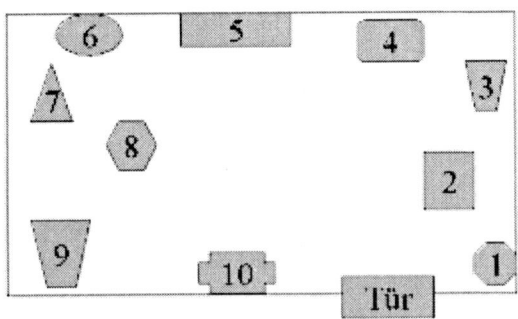

1 = Yuccapalme	6 = Sekretär
2 = Fernsehsessel	7 = Vitrine
3 = Fernseher	8 = Kronleuchter
4 = Couch	9 = Statue
5 = Musikanlage	10 = Kerzenständer

Abbildung 2: Römisches Zahlensystem

Jetzt schreiben Sie auf einen Schmierzettel die zehn markantesten Plätze in dem Wohnzimmer auf. Dabei ist darauf zu achten, dass diese Plätze sich voneinander unterscheiden. Das erste Fenster, das zweite Fenster, das dritte Fenster, kann Probleme bringen!

Dann nummerieren Sie die Plätze von eins bis zehn nach der Reihenfolge, wie sie im Zimmer stehen, durch. Es bietet sich an, an der Eingangstür zum Zimmer zu beginnen und dann immer an der Wand entlang durchzunummerieren. Entweder rechts- oder linksherum, nur bei jedem Zimmer gleich. Sollten zwei Plätze direkt übereinander liegen immer entweder den Oberen oder den Unteren zuerst. Ihr Blatt wird dann ähnlich aussehen, wie in folgendem Beispiel:

Jetzt ist Ihr Symbol für die „Eins" vielleicht eine Stehlampe, für die „Zwei" eine Yuccapalme, für die „Drei" die Musikanlage usw.

Diese Liste müssen Sie auswendig lernen! Versuchen Sie es am besten sofort. Legen Sie das Buch weg, gehen Sie im Geiste das Zimmer noch einmal durch und versuchen Sie sich an die zehn Plätze und Gegenstände zu erinnern. Merken Sie, wie leicht das ist? Völlig klar, Sie vergessen ja nicht plötzlich, wie Ihr Wohnzimmer aussieht. Diese Liste gehen Sie am besten in den nächsten Tagen noch einige Male durch, um das System zu festigen.

Wie wird das System angewandt?

Sie haben mit diesem System Kleiderbügel, auf die Sie beliebige Dinge aufhängen können. Es eignet sich für Besorgungen, Daten und Fakten genauso wie für Namen und die Bundesstaaten der USA.

Die Plätze können beliebig oft benutzt werden. Mein Raum-System habe ich mittlerweile einige hundert Mal belegt, ich bin niemals durcheinander gekommen.

Beginnen Sie mit dem Einfachsten: einer Einkaufsliste.

Angenommen, Sie wollen Milch kaufen. Sie müssen nun versuchen, die Milch mit Ihrem Platz „eins" in Verbindung zu bringen. Das macht die rechte Gehirnhälfte, die für Fantasie und Kreativität zuständig ist. Nur diese Gehirnhälfte ist in der Lage, sich etwas bildlich vorzustellen. Übergießen Sie den Platz eins zum Beispiel mit Milch. Jetzt versuchen Sie es sich noch „merkwürdiger" vorzustellen! Dazu nehmen Sie andere Sinne zur Hilfe. Stellen Sie sich vor, wie sich der milchverschmierte Platz jetzt anfühlt. Stellen Sie sich vor, wie die Milch riecht, wenn sie sauer wird. Außerdem ist es wichtig, zu übertreiben. Es müssen 20 Liter Milch sein, die über den Platz „eins" fließen. Das merkt sich das Gehirn viel besser als ein paar Tropfen. Es ist eben **merk**würdiger.

Als zweites wollen Sie eine Zahnbürste kaufen. Vielleicht ist Platz zwei die Yuccapalme. Dann stellen Sie sich vor, wie eine Zahnbürste über die Blätter der Yuccapalme saust und alle Blätter putzt. Versuchen Sie sich vorzustellen, wie sich das anhören würde, und beißen Sie jetzt in das Blatt der Yucca-palme, auf dem noch die Zahnpasta klebt. Das kann man sich vorstellen! Jeder Mensch. Einige werden behaupten: „Nein, kann ich nicht!" Das ist gelogen. Die linke Gehirnhälfte, die Realistische und Logische, kann es sich nicht vorstellen. Das ist richtig. Aber jeder Mensch hat auch eine rechte. Und die kann das. Nur zulassen müssen Sie es. Es ist völlig normal, dass diese Kreativität anfangs schwer fällt. Aber das bessert sich bald.

Das eben Beschriebene ist nichts anderes als die gute alte Eselsbrücke! Im Laden angekommen, müssen Sie dann nur die Plätze „abgehen" und die Eselsbrücken abholen und ab-haken. Natürlich müssen Sie daran denken, daran zu denken, durch den Raum zu gehen. Wenn Sie die Einkaufsliste mit dem Raum-System memoriert haben, sie dann aber gar nicht benutzen, kann es sein, dass Sie etwas vergessen. Das liegt dann aber nicht an dem System!

Auf eine Gefahr möchte ich noch aufmerksam machen. Falls die Eselsbrücke zu normal ist, ist sie nicht gut. Ein Beispiel:

Der neunte Platz Ihres Raumsystems ist ein Schreibtisch. Als neuntes Teil möchten Sie einen Kugelschreiber einkaufen. Wenn Sie sich Schreibtisch plus Kugelschreiber bildlich vor-stellen wollen, erscheint womöglich in Bruchteilen einer Se-kunde ein Kugelschreiber, der auf dem Schreibtisch liegt. Das Bild ist so normal, dass Ihr Gehirn nun wirklich keine Veranlassung hat, sich das zu merken. Nein, der Kugelschreiber müsste einen Meter dick sein und die Schreibtischplatte mit einem lauten Krachen durchstoßen. Das ist „merkwürdig"!

Nach dem gleichen Prinzip funktioniert das Merken von Aufgaben für den Tag. Wollen Sie daran denken, einen Termin beim Zahnarzt zu holen, setzen Sie den Zahnarzt auf Platz eins und lassen ihn sich selbst einen Zahn ziehen. Natürlich schreit er dabei.

Zu meiner Schande muss ich gestehen, dass bei meinen Bildern oft etwas kaputt geht. Bei mir funktioniert das besonders gut. Bald werden Sie bei sich auch Vorlieben entdecken, zum Beispiel, dass witzige Bilder gut funktionieren.

Wichtig ist bei den meisten Menschen die Bewegung. Bei mir gibt es seit einem Jahr kein Bild mehr im Kopf, das nicht in Bewegung ist. Im Zweifelsfall bekommt der Kugelschreiber Hände und Füße und rennt über die Schreibtischplatte. Seitdem habe ich eine Trefferquote von 99,9%. Mit dem Training kommt auch die Schnelligkeit. Anfangs brauchen Sie länger, um auf eine „merkwürdige" Idee zu kommen. Lassen Sie sich zu Beginn ruhig viel Zeit. Dann ist die Sicherheit des Merkens von Beginn an sehr hoch. Die Schnelligkeit stellt sich dann mit der Zeit ein.

Noch ein Beispiel für kompliziertere Dinge:

Der 42. Staat der Erde ist die Elfenbeinküste. Mein Platz „42" ist eine Abkalbebox im Stall. Was tue ich? Logisch! Ich stelle einen Elefanten mit riesigen Stoßzähnen in die Abkalbebox. Dass es keinen Staat gibt, der „Elefant" heißt, das weiß ich. „Elfenbeinküste" habe ich schon mal gehört und werde mich mit dem Elefanten vor Augen daran erinnern. Jetzt aber das Problem:

Die Hauptstadt der Elfenbeinküste heißt Yamoussoukro! Das ist schon schwieriger. Meine Eselsbrücke: Der Elefant in der Abkalbebox hat vor sich eine große Schüssel mit Mousse au Chocolat (moussou). Darüber hängt ein großes Schild, auf dem steht „Kro" (dänisch für Gastwirtschaft). Und der Elefant sagt laut „Ya!", weil er es so gerne mag. Das „Zusammenbauen" übernimmt die linke Gehirnhälfte, nachdem die rechte Gehirnhälfte sich an die abgefahrene Bildergeschichte erinnert hat. Um auf diese Geschichte zu kommen, musste ich natürlich einige Minuten nachdenken!

Solche Dinge, die für immer bestehen bleiben, wie die Staaten der Erde, wiederhole ich natürlich ab und zu.

Eine Einkaufsliste wird ganz bewusst nicht wiederholt, damit sie bald wieder verloren geht.

Es ist bei mir noch nie zu Verwechslungen gekommen, dass ich im Supermarkt stand und verzweifelt nach „Afghanistan mit Hauptstadt Kabul" gesucht habe. Auch habe ich „Milch" noch niemals für den ersten Bundesstaat der USA gehalten.

Sie brauchen keine Angst zu haben, dass Ihr „normales" Gehirn durch diese „Merkwürdigkeiten" in Mitleidenschaft gezogen wird!

Funktioniert das Raumsystem bei allen Menschen?

Ja, zumindest bei allen, mit denen ich es bisher ausprobiert habe.

Selbst ungeübte, verkalkte und Gehirne mit geringer Intelligenz können die Techniken mit Erfolg benutzen. Das ist nicht hämisch zu verstehen, sondern absolut ernst gemeint. Leider beschäftigen sich diese Personen eher selten mit dem Thema, weil sie Angst haben, zu versagen.

Natürlich bin ich kein Therapeut, aber ich habe alles, was ich sage, ausprobiert. Wichtig ist mir nur, dass ich nichts kaputtmachen kann, und das können die beschriebenen Methoden ganz bestimmt nicht. Bei Menschen, deren Gehirn aus irgendeinem Grund nicht sehr leistungsfähig ist, dauert es natürlich entsprechend länger. Zum Ziel, dem 100%igem Merkerfolg, sind bisher alle gekommen.

Das Zahlen-Bilder-System

Das Zahlen-Bilder-System ist ganz ähnlich, wie das Raum-System. Es eignet sich zum Merken allgemeiner Dinge und ist für das Zahlengedächtnis auch sehr gut anwendbar.

Das Prinzip dieses Systems besteht darin, sich zu den einzelnen Zahlen logisch im Zusammenhang stehende Bilder vorzustellen. Zu der Zahl 2 könnte man sich beispielsweise ein Fahrrad vorstellen. Weshalb? Klar, ein Fahrrad hat zwei Räder. Zu der Zahl 7 einen Zwerg für „Schneewittchen und die sieben Zwerge", ein Geißlein für „Der Wolf und die sieben Geißlein" oder auch einen Handball für Siebenmeter.

Ein schönes Beispiel habe ich bei Gregor Staub „Mega Memory" gefunden. Hier die Liste als ein Vorschlag, um einige weitere ergänzt. Gefällt Ihnen eine Assoziation absolut nicht, ergänzen Sie die Liste nach Ihren Vorstellungen. Zum Beispiel „Kegel" statt „Katze" für die neun.

1 = **Baum** (ein Stamm) oder **Pokal** (für den ersten Platz)

2 = **Lichtschalter** (zwei Stellungen, ein / aus) oder **Fahrrad** (zwei Räder)

3 = **Hocker** (drei Beine, damit er nicht wackelt)

4 = **Auto** (vier Räder, vier Türen, vier Zylinder) oder **Haus** (vier Wände)

5 = **Hand** (fünf Finger)

6 = **Würfel** (sechs Seiten, eine sechs würfeln)

7 = **Zwerg** (sieben Zwerge) oder **Geißlein** (Der Wolf und ...) oder Handball (Siebenmeter)

8 = **Achterbahn** oder **Sanduhr** (geformt wie eine Acht)

9 = **Katze** (eine Katze hat neun Leben)

10 = **Bibel** (zehn Gebote)

11 = **Fußball** (elf Spieler, Elfmeter)

12 = **Geist** (Mitternacht ist Geisterstunde)

13 = **Lift** (im Hochhaus fehlt das dreizehnte Stockwerk)

14 = **Herz** (Valentinstag am 14. 2.) oder Osterei (die Osterferien dauern 14 Tage)

15 = **Ritter** (15. Jahrhundert, Ende des Mittelalters)

16 = **Teenager** (16 Jahre, Jugend)

17 = **Kartenspiel** (Siebzehn und Vier) oder **Udo Jürgens im weißen Jackett** (Siebzehn Jahr, blondes Haar)

18 = **Feierabendverkehr** (um 18 Uhr) oder Führerschein (mit 18 Jahren)

19 = **Abendessen** (oft um etwa 19 Uhr)

20 = **Tagesschau** (täglich um 20 Uhr)

Dieses System funktioniert gut bis zur Zahl 20, dann wird es immer schwerer, einen logischen Zusammenhang herbeizuzaubern. Für die Zahl 48 bringt es nichts, sich zu sagen, dass es 6 X 8 sind. Das ist nicht für die rechte Gehirnhälfte zu gebrauchen. Möglich wäre es sicherlich, sich einen Würfel vorzustellen, der in einer Achterbahn fährt, ist aber tendenziell eher kompliziert!

Praxis:

Jetzt nehmen Sie bitte ein Blatt Papier und versuchen Sie die Bilder von 1 bis 20 aufzuschreiben, ohne in das Buch zu sehen. Jetzt!

Wie war es? Egal wie viele Sie haben 3, 7 oder 14, auf jeden Fall ist klar, dass nicht alle Bilder gleich gut zu den Zahlen passen.

Wenn Sie die Liste dann noch einmal durchlesen und einen zweiten Versuch schriftlich oder im Kopf starten, werden Sie schon einige mehr wissen.

Gehen Sie die Liste jetzt noch einmal durch und markieren Sie die Begriffe, die Sie sich gut merken konnten und die gut passen. Die Problemfälle kristallisieren sich dann schnell heraus. Jetzt sind Sie gefordert, selbst Ihre Kreativität einzusetzen. Denken Sie sich z.b. für die sieben selbst ein Bild aus. Vielleicht eine siebenschwänzige Katze (das ist eine Peitsche!).

Dann haben Sie eine persönliche Liste mit den Zahlen von 1 bis 20 und diese ist für immer gültig. Deshalb schreiben Sie diese Liste bitte einmal auf. Wenn Sie diese Liste heute, morgen, in einer Woche, in zwei Wochen und in einem Monat noch einmal durchgehen, werden Sie die Bilderliste niemals mehr vergessen!

Zu benutzen sind diese zwanzig Begriffe und Bilder genauso wie das Raum-System. Der Baum wird mit Milch übergossen und die Katze reitet auf einem Kugelschreiber.

Die Zahlen-Bilder-Liste wird meistens für die Zahlen von 1 bis 20 benutzt. Dann beginnt der erste Raum mit 21, der zweite mit 31, usw.

Das Zahlengedächtnis

Es gibt viele Methoden, sich Zahlen zu merken. Menschen, die ein gutes Gedächtnis für Zahlen haben, können fast immer beschreiben, aus welchem Grund sie sich zum Beispiel eine Telefonnummer leicht merken können. Vielleicht sehen sie in der Nummer eine mathematische Reihe. Oder sie brauchen das Bild der Tastatur des Telefons, um sich die Bewegung der Finger beim Eintippen zu merken. Wieder andere sagen die Nummer vor sich hin und hören den Klang der Nummer. Damit arbeiten fast alle Radiostationen. RSH sagt zum Beispiel immer die Telefonnummer mit „Fünfzig, Einundfünfzig" an. Das tun alle Moderatoren. Niemals würde jemand „Fünfhundertfünfzehn, Null" oder „Fünf, Eins, Fünf, Null" sagen. Eigentlich ist alles dasselbe, aber „Fünfzig, Einundfünfzig" ist den Hörern durch die häufige Wiederholung im Ohr.

Wer eine gut funktionierende Methode hat, verwende sie selbstverständlich weiter!

Das folgende System ist als Ergänzung für Bestehendes, als System für Personen mit schlechtem Zahlengedächtnis und als System für sehr große Zahlenmengen gedacht.

Zahlen sind linkshirnige Informationen. Diese rechtshirnig zu verpacken, ist der Schlüssel zum guten Zahlengedächnis.

Sie haben schon alles, was Sie brauchen. Sowohl das römische Raum-Zahlen-System, als auch das Zahlen-Bilder-System verpacken linkshirnige Zahlen rechtshirnig. Sie haben bereits ein Bild für die „1". Der erste Platz in Ihrem Raum-System oder der Baum im Bildersystem.

Angenommen Sie müssten sich eine PIN-Nummer für die EC-Karte neu merken, weil Sie eine neue Karte bekommen haben. Dabei geht man mit Hilfe des Raum-Systems folgendermaßen vor:

Die zu merkende Nummer ist 3649.

Als erstes versuchen Sie sich bildlich genau vorzustellen, wie der EC-Automat aussieht, bei dem Sie wahrscheinlich die Karte benötigen. Wie sieht der Raum genau aus, wie groß ist der Automat, welche Farbe hat er usw. Dann nehmen Sie Ihr Bild für die drei aus dem Raumsystem. Angenommen es wäre die Musikanlage, dann stellen Sie im Geiste die Musikanlage auf den EC-Automaten und drehen die Musik auf volle Lautstärke. Dazu kommt dann Ihr Bild für die Sechs. Vielleicht ist das ein Stuhl. Er steht auch auf dem EC-Automaten, aber von der lauten Musik wird er langsam zum Rand geschoben und fällt herunter. Genau auf die Bodenvase (Eventuell das Bild für die Vier). Die Vase geht kaputt und das Wasser läuft aus, direkt in den Fernseher. Dabei fängt der Fernseher an zu qualmen, weil es zu einem Kurzschluss gekommen ist. Hier ist natürlich Ihre eigene Fantasie gefragt. Je merkwürdiger und übertriebener Sie die Geschichte gestalten, desto leichter ist sie zu merken. Übrigens dürfen Sie die PIN-Nummer so auch aufschreiben und in Ihr Portemanaie stecken. Mit dem Zettel: „Meine PIN-Nummer ist: Musikanlage, Stuhl, Bodenvase, Fernseher" kann niemand außer Ihnen etwas anfangen.

Einige werden jetzt sagen: „Warum so kompliziert? 3649, 6x6 sind 36 und 7x7 sind 49, da ist doch ein mathematisches System drin!" Richtig, aber nicht jeder hat so viel Gespür für Zahlen, dass er das gleich erkennt. Die Raummethode funktioniert immer und bei jedem.

Jetzt zu einem umfangreicheren System für das Merken großer Zahlenreihen. Das ist der Weg zum perfekten Zahlengedächtnis.

Dazu brauchen Sie nicht nur jeweils ein Bild für die Zahlen von eins bis zehn, sondern bis einhundert.

Folgende Liste müssen Sie dafür erarbeiten:

01 = ...

02 = ...

bis 99 = ...

Die 0 vor der eins ist wichtig, sonst würde die Nummer 7101 Probleme machen, weil kein Bild für die 0 da ist.

Das erscheint eine langwierige Arbeit zu sein, aber 30 Plätze und Bilder haben Sie ja bereits. Von 01 bis 20 können Sie die Bilder aus dem Zahlen-Bilder-System benutzen. Dann machen Sie bei 21 bis 30 mit dem ersten Raum weiter. 30 Bilder haben Sie jetzt also schon im Kopf!

Um bis 100 zu kommen, müssen Sie jetzt noch sieben neue Räume anlegen. Tun Sie das in den nächsten Tagen, wenn Sie gerade einmal Zeit haben. Zum Beispiel während der Wartezeit beim Zahnarzt. Am einfachsten ist es, sich pro Zimmer auf 10 Begriffe zu beschränken, auch wenn Sie 20 markante Plätze finden würden. Es dürfen auch nicht zu viele gleiche Bilder in Ihrem 01 bis 99 - System sein. Dann besteht die Gefahr der Verwechslung. Wenn sowohl die 41, als auch die 61 und 91 durch eine Tür dargestellt werden, kann es Schwierigkeiten geben.

Falls Sie in Ihrer Wohnung nicht genug Räume haben, die Ihnen geeignet erscheinen, nehmen Sie andere „Räume". Zum Beispiel ist der Garten ein Raum bei mir. Einige Räume sind dabei, in denen ich seit Jahren nicht mehr wohne. Und meine Laufstrecke (9 km) hat ebenfalls als „Raum" herhalten müssen.

Diese Liste mit den Zahlen von 01 bis 99 drucken Sie am besten einige Male aus oder kopieren Sie. Eine legen Sie ins Fach der Autotür, eine legen Sie in Ihre Brieftasche und eine dritte Liste vielleicht in die Nähe Ihres Fernsehsessels. Dann können Sie jederzeit diese Liste wiederholen. Wenn es einmal hakt, ist die Liste immer zur Hand. Sie werden sich wundern, wie selten es hakt. Nur müssen Sie sich ein wenig Zeit lassen. Denken Sie daran, dass die rechte Gehirnhälfte etwas langsamer als die linke ist. Deshalb ist es völlig normal, dass Sie das Bild für 47 nicht innerhalb von einer Sekunde präsent haben. Zuerst müssen Sie in den 40er-Raum, dann vielleicht von vorne durchzählen, bis Sie zum siebten Platz in dem Raum kommen. Das ist das Bild für 47, kann aber fünf oder zehn Sekunden dauern.

Denken Sie noch einmal zurück an die Merktechnik für die PIN-Nummer. Mit diesem System hätten Sie nur zwei Bilder auf den Zettel „Meine PIN-Nummer ist:..." schreiben müssen! Das Bild für die 36 und das Bild für die 49.

Jetzt sind Sie schon ziemlich weit gekommen. Nun fehlt nur ein ganz kleiner Schritt, um das System auf 001 bis 999 zu erweitern.

Angenommen Ihr Bild für die Zahl 47 ist das Telefon. Dann ist das Bild für 047 das Telefon in weiß. 147 ist das Telefon in gelb. 247 ist das Telefon in orange, usw.

Das ist mein System und es gefällt mir gut, weil es sofort funktioniert hat, fast ohne Übung. Meine Farben sind nach Helligkeit gestaffelt:

0 ist weiß

1 ist gelb

2 ist orange

3 ist rot

4 ist grün

5 ist blau

6 ist violett

7 ist braun

8 ist grau

9 ist schwarz

Dabei stelle ich mir das Telefon in Wirklichkeit gar nicht in weiß, gelb, oder schwarz vor. Damit habe ich Schwierigkeiten, da ich überhaupt keine künstlerische Ader habe. Stellvertretend für weiß stelle ich mir Schnee vor. Das Telefon im Schnee. Telefon in gelb ist: Das Telefon klemmt eine Zitrone ein, deren Saft ausläuft. Und 947? Das Telefon ist mit Altöl verschmiert. Dabei kann jede Farbe durchaus mehrere Stellvertreter haben. Die 7 ist braun. Das ist einmal Schokolade, aber auch schon mal braun gekleidete Rechtsradikale. 847 kann ein Telefon sein, welches von einem Bleistift grau angemalt wird, oder eine Maus knabbert an dem Telefonhörer.

Wer das hier nur liest, ohne es auszuprobieren, dem muss das alles unglaublich kompliziert vorkommen. Man kann es nur begreifen, wenn man es selber anwendet. Es ist so leicht, sich nach diesem System eine dreißigstellige Zahl zu merken!

Eine dreißigstellige Zahl besteht bei Ihnen im Kopf dann nur aus zehn Bildern. Diese Bilder müssen dann nur der Reihe nach miteinander verknüpft werden. Zum Beispiel:

Eine Maus (grau, 8..) knabbert an dem Telefonhörer. Das Telefon (.47) klingelt, die Maus erschrickt und stößt gegen den Kleiderschrank (.83). Der kippt um und zerbricht. Dabei läuft aus dem Kleiderschrank Altöl (schwarz, 9..) heraus und rinnt in den Fernseher (.28). Dadurch wächst aus dem Fernseher Gras (grün, 4..). Das Gras wächst so hoch, bis in die Krone des Birnbaumes (.76), in dem Herzen (rot, 3..) hängen. Die Herzen fallen herunter in den Wäschekorb (.82). Der Wäschekorb wird davon betrunken (blau, 5..). Und so weiter!

Jetzt die Zahl:

847983428376582.................

Damit können Sie zu „Wetten dass..?". Genau diese oder eine ähnliche Technik wenden die Gedächtniskünstler bei Thomas Gottschalk an.

Das Personengedächtnis

Das Gedächtnis für Namen und Gesichter stellt für viele Menschen ein großes Problem dar. Gleichzeitig ist es die am häufigsten benötigte Anwendung der Merkfähigkeit. Die meisten Aspekte des Personengedächtnisses sind leicht zu lernen.

Der erste Schritt zu einem guten Personengedächtnis ist eine positive Einstellung zu dem Thema. Das hört sich banal an, aber tatsächlich ist der häufigste Grund für das schlechte Namengedächtnis der Gedanke beziehungsweise die tiefe Überzeugung: „Den Namen kann ich mir sowieso nicht merken!" Dann hört man automatisch nicht mehr zu und hat den Namen tatsächlich nicht behalten. „Hab' ich doch gewusst!" heißt es dann. Und beim nächsten mal wird es noch schlimmer. Diese Spirale nach unten kann man nur durch eine positive Einstellung durchbrechen. Ich weiß, wovon ich rede, denn das Namengedächtnis war für mich immer ein großes Problem. Den Durchbruch habe ich geschafft, als ich mir vorgenommen habe, nein falsch, als ich beschlossen habe: „In Zukunft kannst Du immer alle Namen der Seminarteilnehmer bis zur Kaffeepause!"

Von dem Tag an hat sich die Vorstellungsrunde zu Beginn des Seminars für mich auf das genaue Verstehen des Namens reduziert. Und genau das ist der erste Schritt nach dem Entschluss das Namengedächtnis zu verbessern:

Den Namen verstehen!

Nur die Hälfte der Namen (gemeint sind hier die Nachnamen), die man am Telefon oder im persönlichen Gespräch hört, versteht man beim ersten Mal. Das sind bekannte Namen oder solche, bei denen die Erklärung gleich mitgeliefert wird. Zum Beispiel: „Mein Name ist Frau Wels, wie der Fisch mit dem langen Barthaaren!"

Regional bekannte Namen werden besser verstanden als von weiter entfernt lebenden Personen. In Nordfriesland fragt bei „Petersen" niemand nach. Bin ich aber in Österreich, werde ich ohne Nachfragen fast immer zu „Peters".

Damit sind wir bei dem leidigen Nachfragen! In 50% der Fälle geht es nicht anders. Wenn ich den Namen nicht verstehe, muss ich nachfragen. Tue ich das nicht, ist das sehr unhöflich, weil das ein Zeichen von Desinteresse an meinem Gegenüber ist. Was, wenn ich schon zweimal nachgefragt habe und den Namen noch immer nicht verstanden habe? Das kommt nicht selten vor. Angenommen, Herr Fitzthum hat sich Ihnen vorgestellt. Ein existenter Name in Österreich, aber hier haben Norddeutsche auch bei zweimaligem Nachfragen wenig Chancen, den Namen zu verstehen und richtig schreiben zu können. Denn erst dann habe ich richtig verstanden, wenn ich den Namen auch buchstabieren kann. Nach dem zweiten Nachfragen versuche ich also abzuschätzen, ob eine Chance besteht, dass der dritte Versuch Erfolg bringt. Wenn ich merke, dass ich noch weit weg bin, gibt es keine andere Möglichkeit, als den Namen buchstabieren zu lassen.

Das Buchstabieren ist wichtig, damit sich mein Gehirn ein Bild von dem Namen machen kann. Wenn es im ersten Augenblick kein Bild gibt, wie der Fisch mit den langen Barthaaren bei Frau Wels, dann muss ich zumindest das Schriftbild vor Augen haben. Am besten bleibt natürlich das Aufschreiben. Aber auf einer Geburtstagsfeier ist das sicher in der Regel nicht angebracht.

Herr Fitzthum hat mir jetzt seinen Namen buchstabiert, und ich habe ihn richtig verstanden. Jetzt so schnell wie möglich den Namen im Gespräch dreimal gebrauchen, solange er noch frisch in der Erinnerung ist. Dieses Wiederholen des Namens ist sehr wichtig. Ich denke sogar, es ist unmöglich, den Namen ohne Wiederholung sicher zu lernen.

Bis hierhin besteht das Personengedächtnis nur aus Höflichkeit. Es hat noch nichts mit Gedächtnistraining zu tun. 80% der Verbesserung erzielen Sie alleine durch das bessere Verstehen, die positive Einstellung und das Wiederholen des Namens im Gespräch.

Personengedächtnis

Name

Gesicht

Umfeld

Positive Einstellung!!!

1. Verstehen: nachfragen
                  buchstabieren lassen
                  3 x gebrauchen

2. Vorstellen

3. Verknüpfen

Dann kommt die Eselsbrücke. Bei Herrn Fitzthum würde ich mir vorstellen, er hat einen Filzturm auf dem Kopf. Das Bild - Herr Fitzthum mit einem Turm aus Filz auf dem Kopf - ist merkwürdig. Dadurch kann die rechte Gehirnhälfte gar nicht anders, als es sich zu merken. Was aber, wenn ich bei der nächsten Begegnung „Guten Tag, Herr Filzturm!" sage? Wahrscheinlich würde Herr Fitzthum lachen und sich wundern, dass jemand zumindest versucht hat, sich seinen Namen zu merken. Mit großer Sicherheit wird aber Ihre linke Gehirnhälfte einschreiten, bevor Sie den Mund zur Begrüßung aufmachen.

Folgendes geschieht in Ihren Gehirn:

Sie sehen Herrn Fitzthum. Die rechte Gehirnhälfte prustet los und sagt: „Sieh mal da, der hat einen Filzturm auf dem Kopf!" Die rechte Gehirnhälfte kann nicht zwischen Realität und Vorstellung unterscheiden. Deshalb sieht sie sofort den Turm aus Filz, weil der Turm bei dem letzten Treffen mit dem Herrn auch da war. Allerdings nur in der Vorstellung. Also folgt die Meldung von rechts rüber in die linke Hälfte: „Der Mann heißt Herr Filzturm!" Die linke Gehirnhälfte findet das gar nicht so komisch. Sie ist nicht so besonders humorvoll! Sie denkt sich: „So einen Namen kann man doch nicht haben! War das nicht irgendwie anders?" Die linke Gehirnhälfte nimmt dann die Autokorrektur vor und baut den Namen so um, dass aus der Eselsbrücke wieder der Name wird.

Erst dann kommt der Name aus dem Mund!

Eine Eselsbrücke muss nicht genial sein. Oft kommt man nur auf eine eher mäßige Idee. Trotzdem reicht meistens nur ein kleiner Anstoß in die richtige Richtung, der Anfangsbuchstabe oder eine Silbe. Der Rest kommt dann plötzlich ganz von alleine. Eine schlechte Eselsbrücke ist allemal besser als gar keine!

Das Besondere in einem Gesicht

Drei Dinge gehören zu dem perfekten Personengedächtnis,

1. Das Gesicht
2. Der Name
3. Die Tätigkeit, das Umfeld, woher kenne ich die Person?

Hier gibt es große Unterschiede. Viele Menschen im Seminar erzählen mir, dass sie ein Gesicht sofort wiedererkennen und meist auch wissen, woher. Dann hapert es aber bei dem Namen.

Andere, dazu gehöre ich selbst, erkennen den Menschen auf der Straße nicht einmal wieder. Das liegt an der schlecht ausgeprägten Wahrnehmung und Beobachtungsgabe. Ich könnte abends drei Stunden mit einer Person in der Kneipe sitzen und über Gott und die Welt reden; nachher weiß ich nicht, hat er einen Bart, eine Brille, ist er blond oder schwarzhaarig?

Meiner Ansicht nach ist diese Wahrnehmungsfähigkeit zum Teil schon in den Erbanlagen vorgegeben. Wer diese Fähigkeit hat, kann das Gedächtnis für den Namen leicht erlernen. Ist die Beobachtungsgabe so schlecht wie bei mir, ist es ein langer Weg, bis die Wahrnehmung geschärft ist.

Sicherlich kennen Sie alle die Karikaturisten, die auf Gran Canaria am Straßenrand sitzen und in fünf Minuten eine sehr gelungene Karikatur zeichnen. Dies kann man lernen, aber ich denke, die meisten Karikaturisten haben eine natürliche Begabung dafür, das Besondere im Menschen zu sehen. Dieses Besondere heben sie zeichnerisch hervor und jeder erkennt die Person anhand der Übertreibung der besonderen Merkmale sofort wieder.

Wie kann man das nun trainieren? Ich versuche es so:

Treffen sich viele Personen, übe ich, ihre Gesichter zu beobachten und mir Einzelheiten einzuprägen. Dazu eignen sich Geburtstage, Empfänge, Versammlungen usw.

Mit einem ganzen Gesicht scheine ich hoffnungslos überfordert zu sein. Deshalb reduziere ich meine Wahrnehmung auf nur einen Körperteil. An einem Tag beobachte ich die Nasen! Dadurch zwinge ich mich dazu, zu sehen, wie unterschiedlich Nasen sein können. Dick, dünn, lang, kurz, gerade und krumm. Bei der nächsten Gelegenheit nehme ich mir die Augenbrauen vor, dann die Münder usw. Der Weg ist mühsam, aber ich kenne keinen besseren!

Das Personengedächtnis schriftlich verbessern

Es gibt eine Methode, das Personengedächtnis zu verbessern, die mit etwas Arbeit verbunden ist. Da Menschen von Natur aus faul sind, wie ich an mir erkenne, werden diese Methode nicht sehr viele Leser anwenden. Sollten Sie aber aus zwingenden Gründen darauf angewiesen sein, einen speziellen Namen und die Person nicht zu vergessen, lohnt sich die Arbeit. Zum Beispiel für einen sehr guten Kunden, Mitarbeiter in der Firma oder ähnliches.

Wenn der Kunde, den Sie beim nächsten Besuch sofort mit Namen ansprechen wollen, also gerade den Laden verlassen hat, nehmen sich ein Blatt und notieren als erstes den Namen. Das können Sie logischer Weise nur, solange Sie ihn noch wissen.

Also den Namen auf das Blatt. Dann schreiben Sie die besonderen Kennzeichen der Person auf. Lange Haare, braune Augen oder auch gepflegte Erscheinung oder Körpergeruch. Die unveränderlichen Kennzeichen sind natürlich die geeigneteren, aber wenn etwas Äußerliches sehr auffällig ist, kommt auch das auf den Zettel.

Dann schreiben Sie sich auf, was Sie sich sonst noch von der Person merken möchten. Zum Beispiel: hat vier Mädchen, ist Finanzbeamter, bestellt sich immer extra Zucker zum Kaffee oder legt Wert auf eine lange Garantiezeit.

Die drei Dinge für ein perfektes Personengedächtnis haben Sie nun auf dem Blatt stehen. Jetzt machen Sie aus dem Namen, den Besonderheiten im Gesicht oder dem Äußeren und sonstigen Dingen eine Geschichte. Beginnen Sie die Geschichte mit den Besonderheiten im Gesicht oder Äußerlichkeiten, denn diese Informationen kommen zuerst in Ihrem Gehirn an, wenn Sie die Person das nächste Mal sehen.

Ein Beispiel:

Da kommt der langhaarige, gepflegte Herr, der sonst immer einen Filzturm auf dem Kopf hat. Herr Fitzthum hat seinen Filzturm heute zu Hause gelassen, damit seine vier Mädchen damit spielen können.

Wollen wir wetten, dass Sie diesen Zettel in Ihrem ganzen Leben nicht mehr brauchen werden? Herrn Fitzthum werden Sie ganz sicher wiedererkennen und auch daran denken, nach seinen vier Töchtern zu fragen.

Treffen auf der Straße

Folgende Situation werden Sie alle kennen: Sie treffen eine Person auf der Straße, die Sie sofort mit Namen anspricht, können sich aber nicht an den Namen Ihres Gegenübers erinnern. Dabei müssten Sie den Namen eigentlich kennen. Die „fremde" Person kennt Sie schließlich auch! Dann wird fast immer die Taktik „Zeit gewinnen" angewandt. Sie reden zuerst einmal über alles mögliche, sind aber nicht bei der Sache, weil Sie verzweifelt nach dem Namen suchen. Unser Gehirn, vor allem die linke Seite, lässt sich aber nicht gerne zwingen. Mit absoluter Sicherheit sagt sie: „Nein, so nicht!" Sie können 30 Minuten reden, auf den Namen werden Sie nicht kommen.

Es wird mit der Zeit immer peinlicher, weil die andere Person Sie schon einige Male mit Namen angesprochen hat. Das ist ein Zeichen von Höflichkeit! Nur - Sie können das nicht. Sie hoffen auf Hilfe von außen. Vielleicht kommt ein gemeinsamer Bekannter, der den Namen ausspricht, vielleicht sehen Sie die Initialen auf einer Mappe des „Namenlosen". Aber nichts von alledem geschieht. Sie reiten sich immer tiefer rein! Keine Angst, das hat jeder Mensch schon mal erlebt.

Mit einer solchen Situation gibt es nur eine Art, souverän umzugehen: In den ersten zehn Sekunden raus mit der Sprache: „Mensch, warte eine Sekunde, ich habe es gleich, na...!"

Jetzt wird der andere helfen und den Namen nennen, weil er oder sie nämlich keine Sekunde warten will! Außerdem kennt jeder das blöde Gefühl. Dann kennen Sie den Namen (denken Sie an das Wiederholen!) und können sich auf das Gespräch konzentrieren und sind nicht die ganze Zeit auf einem Nebenkriegsschauplatz.

Memorieren von Geburtsdaten

Als effektives Training für das Gehirn eignet sich auch das Merken von Geburtsdaten. Hierbei gibt es im Wesentlichen zwei Methoden:

Methode 1: Verknüpfung mit bekannten Daten

Ich habe eine gute Bekannte in Bremen, zu der ich leider seit einigen Jahren nur noch ganz selten Kontakt habe. Trotzdem werde ich mich immer an ihren Geburtstag erinnern. Sie hat am ersten August Geburtstag. Mein Cousin hat ebenfalls am ersten August Geburtstag, und wir haben schon immer einen engen Kontakt gehabt, so dass ich den ersten August ganz eng mit ihm verbinde. Zufällig reiten beide und durch diese Gemeinsamkeit habe ich mir den Geburtstag der Bekannten für immer gemerkt, obwohl ich damals noch nichts über Gedächtnistraining wusste.

Bei mir hat also der Filter „Bekanntes" gewirkt. Die Verbindung war so offensichtlich und stark, dass es automatisch passierte. Natürlich kann man auch nach solchen Verbindungen suchen, wenn sich kein passendes Datum sofort aufdrängt.

Dabei muss es keine bekannte Person sein. Genauso ist es möglich, ein bekanntes geschichtliches Datum zu wählen:

Vielleicht hat jemand am 8. Mai Geburtstag. Dann stellt man ihm eine weiße Fahne mit Panzer, stellvertretend für das Kriegsende (8.5.1945), auf die Schulter.

Diese Methode passt nicht immer, weil nicht für jedes Datum ein bekanntes Datum als „Pate" bereitsteht. Aber wenn es sich anbietet, ist diese Methode sehr wirkungsvoll und erfordert wenig Übung.

Methode 2: Verknüpfung nach eigenem System

Die zweite Methode funktioniert immer, erfordert aber etwas Übung und Vorbereitung. Man nimmt sich die Bilder aus dem Raum-System oder der Bilderliste und verbindet diese mit der Person. Es muss eine witzige Geschichte sein.

Um nicht mit Tag, Monat und Jahr durcheinander zu kommen, bietet es sich an, für die Monate ein extra System einzuführen.

Dieses könnte so aussehen:

Januar	=	Schnee
Februar	=	Karneval
März	=	blühende Krokusse
April	=	Zeitung (Zeitungsenten zum 1. April)
Mai	=	Liebe (Wonnemonat)
Juni	=	Erdbeere
Juli	=	Strand
August	=	Birnen (Augustbirnen)
September	=	Weizenfeld
Oktober	=	Laub
November	=	Orkan
Dezember	=	Weihnachtsmann

Beispiel: Geburtsdatum, der 4. Dezember 1953

Die Person bekommt zum Geburtstag folgendes Geschenk: Er setzt sich als Weihnachtsmann (Dezember) verkleidet an das Steuer von einem Ferrari (4 = Auto in der Bilderliste) und fährt mit Tempo 200 einen Papierkorb (Platz 53 in meinem Raum-System) um.

Die Monate haben ein eigenes System, damit die Gefahr der Zahlendreher bei Geburtsdaten wie dem 11.12.09 geringer ist. Würde man alle Einzelzahlen nach dem Raumsystem zuordnen, müsste man mit der Reihenfolge sehr exakt sein.

Tägliches Training

Es gibt eine Methode, Altersdemenzerkrankungen mit einer Sicherheit von 90% hinauszuzögern, eventuell sogar ganz zu verhindern. Diese besteht darin, täglich mit dem Gehirn zu trainieren. Training ist ein kleines bisschen mehr, als gerade noch bequem wäre. Das ist wie im Fitnessstudio. Täglich benutzen Sie Ihre Muskeln. Aufbauen werden Sie Ihre Muskeln aber nur, wenn Sie etwas mehr tun. Dabei kommen Sie etwas in Schweiß, und ab und zu tut es auch etwas weh. Das nennt man dann Training.

Ebenso im Gehirn. Jede wache Minute und selbst im Schlaf arbeitet Ihr Gehirn. Training ist etwas mehr. Tun Sie etwas, was für das Gehirn nicht alltäglich ist.

Zum Beispiel das Lösen von Kreuzworträtseln ist Training für das Gehirn. Es ist zwar anstrengend, aber macht auch Spaß. Kreuzworträtsel sind so lange Training, bis Sie die Rätsel im Schlaf lösen können. Wer über Jahre immer in den gleichen Zeitschriften die gleichen Rätsel löst, für den nimmt der Trainingseffekt immer weiter ab. Das Gehirn ist bald gelangweilt und muss sich nicht mehr anstrengen. Bis dahin ist es aber ein weiter Weg mit sehr vielen Trainingseinheiten. Ich vermute, Rätseln gehört zu den am häufigsten praktizierten Trainingsmethoden für das Gehirn. Angenommen, Sie haben noch nie ein Kreuzworträtsel gelöst. Dann versuchen Sie es einmal. Beim ersten Mal können Sie womöglich nur ein oder zwei Fragen beantworten. Was macht dann ein typischer Erwachsener? „Das kann ich nicht! Habe ich doch gleich gewusst, dass das nichts für mich ist!" Den zweiten Versuch gibt es oft nicht. Auf Nachfragen wird geantwortet: „Habe ich schon versucht, kann ich nicht!"

Ja, wenn Kinder so motiviert wären, würden Sie niemals Laufen lernen. Einmal hingefallen und nie wieder versuchen! Kinder fallen 100 mal hin und stoßen sich einige Male heftig.

Trotzdem versuchen Sie es weiter, und nach 101 Versuchen klappt es irgendwann.

Wenn Sie 101 Tage hintereinander ein beliebiges Kreuzworträtsel zur Hand nehmen würden - um was sollen wir wetten, dass Sie am einhundertersten Tag fast ein Rätselprofi sind?

Noch eine Möglichkeit zum Trainieren:

Verstehen Sie endlich einmal die Betriebsanleitung Ihres Videorekorders! Eltern mit Kindern im Teenageralter können nur ganz selten den Videorekorder richtig programmieren. Die Kinder tun es! Dabei wären die meisten durchaus in der Lage, die Betriebsanleitung zu lesen und das Gelesene auch umzusetzen. Das ist Training für das Gehirn!

Für Reisende:

Kaufen Sie sich auf Ihrer nächsten Reise mit dem Flugzeug oder der Bahn im Zeitschriftengeschäft eine Zeitschrift, von der Sie noch nie etwas gehört haben. Falls Sie Opernsängerin sind, kaufen Sie sich zum Beispiel eine Zeitschrift über Piercing und Tatoos. Da fließt Strom in Ihren Gehirn zwischen Gehirnzellen, die noch nie etwas miteinander zu tun hatten. Sie steigern Ihr Wissen über Tatoos in 30 Minuten um das Vielfache. Um das Wissen über klassische Musik zu vervielfachen, bräuchten Sie Wochen, Monate oder Jahre.

Aber wie sieht es in der Praxis aus? Wenn ich mit meinen Berufskollegen, den Bauern rede, geht es um Milchquote, Hektar, PS und das Wetter. Das bringt mein Gehirn ganz gewiss nicht weiter! Trotzdem kann es natürlich sinnvoll sein, aber es wird oft übertrieben. Nicht nur von den Bauern. Wehrpflichtige reden über die 36-Stunden-Übung und Banker über Aktien. Das ist in den meisten Berufen so üblich. Ständig dreht man sich im eigenen Saft.

Noch ein ganz anderer Tipp für das Gehirn. Dabei bin ich mir nicht sicher, ob er wissenschaftlich fundiert ist:

Stellen Sie für eine Woche eine Tätigkeit von der rechten auf die linke Hand um. Schmieren Sie sich zum Beispiel eine Woche Ihr Brot mit Links. Vorsicht bei zu hohem Cholesterinspiegel! Das trainiert die Gehirnhälfte, die beim Brotschmieren bisher nur zugeschaut hat. Die rechte Hand wird von der linken Gehirnhälfte gesteuert. Schmiert man mit Links, muss die andere Hälfte ran.

Falls Sie früher Linkshänder waren und auf Rechtshänder „umerzogen" worden sind, haben Sie vielleicht Glück. Falls jemand Folgendes liest und Näheres dazu berichten kann, wäre ich sehr dankbar:

Ich habe den Eindruck, dass bei den mittlerweile einigen hundert Senioren, die in meine Vorträge über Gedächtnistraining gingen, weit mehr „Umerzogene" waren, als der statistische Durchschnitt es vermuten ließe. Diese Senioren waren deutlich fitter im geistigen Bereich, als ihre Altersgenossen. Das merke ich allein daran, dass sie sich überhaupt für einen Vortrag über Gedächtnistraining interessierten. Wer es wirklich nötig hätte, bleibt aber leider zu Hause! Das ist normal, aber deshalb nicht auch gut oder richtig. Wer schon gut ist und eine Leistungsfähigkeit von 90% hat, will auch noch 91% schaffen. Wer bei 50% ist und sich leicht auf 60% steigern könnte, kriegt seinen Hintern nicht hoch und bleibt sein Leben lang bei 50% kleben!

Also: In meinen Vorträgen für Senioren sind viele 90%-Leute. Und viele „Umerzogene". Meine Schlussfolgerung: Wer genetisch bedingt Linkshänder ist und auf rechts umerzogen wurde, benutzt freiwillig die eine und gezwungener Maßen die andere Gehirnhälfte. Folglich sind beide trainiert.

Behalten Sie also die Fähigkeit, den Hammer mit beiden Händen gut hantieren zu können und bauen Sie sie aus.

Tägliches Training mit dem Raum-System können Sie nebenbei machen. Lernen Sie zum Beispiel beim Autofahren die

Autobahnausfahrten auswendig. Sie haben während der Fahrt ja nichts anderes zu tun! Sie brauchen keine Angst zu haben, dass Sie sich nicht mehr auf den Verkehr konzentrieren können (Es sei denn, Sie fahren mit 220 und Blinker links auf der linken Spur!). Bei der Fahrt denken Sie immer an irgendetwas. Da können Sie auch gleich eine Trainingsstunde für das Gehirn einlegen. Die Autobahnausfahrten eignen sich sehr gut, da diese heutzutage nummeriert sind. Abfahrt 50 auf der A1 ist „Stuckenborstel". Dann bauen Sie Stuck und Borsten in Ihren Platz 50 ein schon werden Sie sich für immer daran erinnern und leben etwas länger ohne Alzheimer!

Oder Sie nehmen die Staatenliste der Erde im Anhang und lernen jeden Tag einen Staat auswendig. Auf Platz eins setzen Sie einen Afghanen (Windhund), der sich gerade ein Glas mit Kaba anrührt (Afghanistan, Kabul).

Wenn Sie das regelmäßig machen, werden Sie bald merken, dass Sie immer einen Tick schneller schalten als andere. Sie haben das Problem eine Idee schneller gelöst und können komplizierte Zusammenhänge leichter begreifen, als früher.

Das passiert nicht gleich morgen, aber dann sind Sie auf dem Weg zur oberen Kurve der Abbildung zur geistigen Leistungsfähigkeit (siehe Kapitel „Die geistige Leistungsfähigkeit").

Teil 2: Laufen im Fettverbrennungspuls

Laufen im Fettverbrennungspuls

Der Fettverbrennungspuls ist ein relativ enger Pulsbereich, in dem der Körper Fett anstatt Kohlehydrate verbrennt. Das Laufen im Fettverbrennungspuls hat unzählige Vorteile gegenüber dem „normalen" Laufen.

Warum ist das wichtig?

Laufen im Fettverbrennungspuls ist als allererstes wichtig für die Motivation zum regelmäßigen Training.

15 Jahre lang bin ich mit einem wesentlich höheren Puls gelaufen und war ausgelaugt, als ich das Training beendet hatte. Nicht, dass wir uns falsch verstehen: ich fühlte mich toll, weil ich der Überzeugung war, je kaputter ich nach dem Training war, desto effektiver war das Training.

Heute könnte ich nach dem Training immer noch weiter machen, selbst wenn ich 20 km hinter mir hätte.

Damals suchte ich mir Tage für einen 20-km-Lauf aus, an denen ich abends nichts vorhatte und nur noch die Beine hochlegen musste. Heute frage ich nach 20 km: „Wo ist der nächste Baum?"

- Nicht zum Aufhängen, sondern zum Ausreißen -.

Ich habe am nächsten Tag schon wieder Lust auf Laufen. Und mein Körper auch, denn ich habe ihn nicht gequält, sondern ihn mit mehr Sauerstoff verwöhnt.

Zu dem „Säuberungseffekt" für die Adern habe ich an anderer Stelle schon genug gesagt. Das merkt man nicht sofort. Der Motivationseffekt des Laufens im Fettverbrennungspuls jedoch ist sofort spürbar.

Wieso gerade Laufen?

Laufen ist die natürlichste Form der Fortbewegung. Unser Körper ist dafür gebaut, jeden Tag durch die Wälder zu laufen, um zu jagen und zu sammeln. Dabei haben unsere Vorfahren durchaus täglich 40 km und mehr zurückgelegt. Das lag daran, dass ein „Revier" unserer Vorfahren, als wir noch Jäger und Sammler waren, einen Radius von ca. 10 Kilometern um die Höhle hatte. Ich bitte, Folgendes nicht chauvinistisch zu verstehen, aber die Männer waren für das Beschaffen der Nahrung zuständig und die Frauen versorgten die Kinder in der Höhle und bereiteten das Essen. Der weibliche Körper lernte, um 5% höhere Körperfettreserven anzulegen, um die Versorgung eines Kindes in Notzeiten sicherstellen zu können. Die Männer hingegen konnten sich keine Fettpolster leisten, dann hätten Sie nie ein Wildschwein gefangen! Die Männer durchstreiften täglich das gesamte Revier. Und zwar im Laufschritt. Das ist normal! Täglich 40 Kilometer im Laufschritt. Dabei hatten sie keine Schuhe mit dämpfenden Sohlen von Nike an den Füssen, allerdings gab es auch keine geteerten Straßen. Zwar ist das einige tausend Jahre her, aber in der Evolution sind einige tausend Jahre so gut wie nichts. Viele tausend Jahre in der Zukunft wird die Evolution sich vielleicht auf unsere neuen Gewohnheiten eingestellt haben und uns allen einen riesigen Hintern verpassen. Dann können wir schön bequem auf dem Bürostuhl sitzen!

Relikte unserer Zeit in den Höhlen kann man noch bei Kindern beobachten, solange der Computer und Fernseher nicht zu sehr Besitz von ihnen ergriffen hat. Meine Nichten sind sechs und neun Jahre alt. Wenn die aus dem Haus gehen, um zur Schaukel zu gelangen, Strecke ca. 50 Meter, meinen Sie etwa, die würden gehen? Niemals! Sie rennen! Nicht, weil ich ihnen gesagt habe, dass Laufen gut für sie ist, sondern weil das in den Erbanlagen steckt. Mir tun die vielen Kinder unglaublich leid, die im Grundschulalter schon Übergewicht haben. Die Eltern scheinen zu denken: „Mein Kind soll es mal schwer haben im Leben! Geschädigter Bewegungsapparat, schlechte körperliche und geistige Leistungsfähigkeit, Frotzeleien von Mitschülern, das wird mein Kind fit machen für das Leben!"

Sorry für die harten Worte, aber manchmal macht mich das wirklich wütend.

Ein Kind im Kindergarten oder Grundschulalter läuft pro Tag zehn Kilometer. Falls Sie das nicht glauben, besorgen Sie sich einen Schrittzähler und befestigen Sie ihn an der Hose eines Kindes. Aber nicht an Tagen, in denen die Kinder in Kindergarten oder Schule eingesperrt sind, sondern am Wochenende oder in den Ferien. Sie werden staunen.

Also: Laufen ist die natürlichste Form der Fortbewegung und schädigt nicht die Knie oder den Rücken, es sei denn, man macht es falsch.

Der zweite Vorteil des Laufens liegt in den geringen Kosten und dem geringen Aufwand für den Sport. Schuhe kosten ca. 100,00 EU, und damit kann man schon mal beginnen.

Auf Reisen findet sich immer eine Strecke, wenn man die Schuhe dabei hat.

Das Wetter ist nur eine Frage der Kleidung und der ersten 500 m. Danach kann das Laufen in Regen und Sturm sogar richtig Spaß machen.

Die Uhrzeit ist egal, solange die Laufstrecke beleuchtet ist.

Noch ein großer Vorteil besteht in der hohen Effektivität des Laufens, dadurch, dass 70% der Muskeln in Bewegung sind. Beim Fahrrad fahren werden nur 50% gebraucht. Beim Schwimmen werden zwar viele Muskeln benutzt und es ist sehr gesund, aber für die Fettverbrennung tut man bei normalem Schwimmen nicht so viel. Der neue Sport Aquajogging ist sehr zu empfehlen, wobei ich zu dem Thema kein Fachmann bin. Ebenso Nordic Walking. Es ist eine Weiterentwicklung des Laufens. Eine Art Skilanglauf ohne Schnee und Bretterl.

Das Laufen ist nicht nur von der Tätigkeit selbst sehr effektiv, sondern auch die sogenannte „Rüstzeit" ist sehr gering. Es ist egal, ob man von der Arbeit verschwitzt ist, morgens zerzaust aussieht, oder, wie in meinem Fall, nach Kuh riecht, man kann sofort auf die Laufstrecke. Nach dem Laufen ist duschen allerdings angebracht.

Man kann immer vor der eigenen Haustür mit dem Training beginnen und auch dort wieder ankommen, so dass keine Strecken zur Sportstätte zurückgelegt werden müssen. Wenige Ausnahmen gibt es vielleicht, zum Beispiel wenn man als Weißer in der Bronx wohnt.

Der letzte Vorteil des Laufens ist, dass niemand einen Trainer braucht, um das richtige Laufen zu lernen. Das ist in wenigen Worten erklärt. Die Erklärung folgt in diesem Buch. Es sind zwar etwas mehr als „wenige Worte", aber das Laufen an sich können Sie auch ganz ohne ein Buch zu lesen. Die vielen Tricks und Kniffe, die das Laufen zum Tuning für Körper und Geist bis zum Lebensende machen, die sind hier beschrieben.

Der Fettverbrennungspuls

Was ist der Fettverbrennungspuls?

Der Fettverbrennungspuls ist ein enger Pulsbereich, in dem die Muskeln Fett verbrennen. Die Energie, die die Muskeln zum arbeiten benötigen, kann aus Kohlehydraten oder aus Fett kommen. Kohlehydrate sind schneller verfügbar. Wer sehr intensiv Sport betreibt, also im hohen Pulsbereich, verbrennt Kohlehydrate, weil Fett die Energie nicht schnell genug liefern kann.

Was passiert im Körper, wenn man im Fettverbrennungspuls läuft? Die Erklärung müssten eigentlich Mediziner geben. Denen plappere ich nach, aber ohne Gewähr.

Zwei Dinge steigern sich bzw. nehmen zu beim Laufen im Fettverbrennungspuls.

1. Die Mitochondrien, die Kraftwerke der Muskeln.

2. Die Enzyme, die in der Lage sind, Fett zu verbrennen.

Fett hat eine sehr stabile chemische Zusammensetzung. Jeder, der Geschirr abwäscht, weiß, wie gut Fett zusammenhält und klebt. Körperfett kann nur durch Enzyme zerlegt und in Energie umgewandelt werden. Dies findet ausschließlich in Muskeln statt.

Laufen im Fettverbrennungspuls gibt das Signal an die Muskeln: „Fett verbrennen!" Am ersten Tag antworten die Muskeln: „Was ist los? Haben wir ja noch nie gemacht! Aber ich bin Dein Freund, ich schaue, was sich machen lässt! Frage morgen wieder nach."

Am zweiten Tag wieder im Fettverbrennungspuls, die gleiche Aufforderung: „Fett verbrennen!" Die Antwort: „Kann losgehen, wir haben ein Fettverbrennungsenzym gefunden!" Am dritten Tag sind schon 10 Enzyme an der Arbeit, nach einer Woche Tausende und nach vier Wochen knabbern täglich viele hunderttausend Fettenzyme an den Fettpölsterchen am und im Körper und den Blutbahnen.

Nach drei Monaten regelmäßigen Laufens werden 5 g Fett in der Stunde verbrannt. Jede Stunde, nicht nur beim Laufen, selbst beim Schlafen.

Ein durchschnittlicher Westeuropäer nimmt pro Tag 80 g Fett zu sich. Das bedeutet, dass bei normaler Ernährung in 16 Stunden die gesamte Fettmenge von den Enzymen wieder in Energie umgewandelt wurde. Wer also diese drei Monate geschafft hat und weiterhin den Körper zum Fettverbrennen den Auftrag erteilt, kann nicht mehr dick werden, egal was er isst.

Wie hoch ist der Fettverbrennungspuls?

Diese Frage ist leider nicht so schnell zu beantworten.

Der Fettverbrennungspuls ist abhängig vom Alter, dem Ruhepuls und dem Trainingszustand. Dann unterliegt er auch noch großen täglichen Schwankungen. Morgens ist der Kreislauf bei den meisten Menschen noch nicht so in Schwung. Dann braucht der Körper einen niedrigeren Puls, um Fett zu verbrennen. Abends ist der Puls bei gleicher „gefühlter" Belastung meistens um einiges höher.

Mein persönlicher Fettverbrennungspuls liegt zwischen 145 und 150 Schlägen pro Minute. Ich bin 35 Jahre alt und habe einen relativ hohen Ruhepuls von 70 Schlägen pro Minute. Morgens um fünf Uhr ist mein Fettverbrennungspuls unter 145 und abends kann er auch schon mal deutlich über 150 liegen. Ein erster Richtwert steht in folgender Tabelle, die dem Buch „Forever Young, Das Leicht-Lauf-Programm" von Dr. Ulrich Strunz entnommen ist:

Alter ⇨ Puls ⇩	20 – 39	40 – 49	50 – 59	60 – 70	>70
Bis 50	140	135	130	125	120
50 – 59	140	135	130	125	120
60 – 69	145	140	135	130	125
70 – 79	145	140	135	130	125
80 – 89	145	140	135	130	125
90 - 100	150	145	140	135	130

Tabelle 1: *Abweichungen um 20 Schläge zu den Werten der Tabelle sind bei einzelnen Personen möglich. „Puls" bezieht sich auf den Ruhepuls.*

Es gibt eine objektive Methode, den eigenen Fettverbrennungspuls festzustellen. Dazu müssen Sie allerdings zu einem Sportarzt gehen.

Dort fahren Sie auf einem Ergometer (Trimmfahrrad) mit langsam steigender Wattzahl. Dabei steigt der Puls stetig an. Alle 30 Sekunden wird dann eine kleine Blutprobe genommen und auf den Laktatwert untersucht. Dabei handelt es sich um das Maß für die Milchsäurekonzentration in den Muskeln. Der Laktatwert von 4 mmol/l zeigt den Fettverbrennungspuls an. Sehr trainierte Sportler verbrennen auch schon bei einem Laktatwert von „zwei" Fett. Nur über „vier" darf man nicht kommen, dann übersäuern die Muskeln. Sie bekommen Muskelkater.

Angenommen, der Arzt wurde feststellen, der Laktatwert von „vier" wäre bei 147 Schlägen pro Minute erreicht, wäre das Ihr Fettverbrennungspuls. Aber nur an diesem Tag in dieser Minute.

Am nächsten Tag kommen Sie wieder zum gleichen Sportarzt, setzen sich auf das gleiche Ergometer und das Ergebnis ist 157. Auch diese Ergebnis kann durchaus stimmen. Vielleicht haben Sie am zweiten Tag zwei Tassen Kaffee mehr getrunken und sich über einen Kunden geärgert. Dadurch kann der Fettverbrennungspuls gleich viel höher sein.

Die Tendenz kann ein Sportarzt aber schon feststellen.

Wer nicht zum Sportarzt will, kann trotzdem den richtigen Pulsbereich finden. Sogar mit höherer Sicherheit als der Arzt.

Zwei Dinge müssen Sie dafür beobachten und analysieren:

1. Die Atmung

2. Alarmsignale, die einen zu hohen Puls anzeigen

Als erstes die Atmung.

Wenn Sie Laufanfänger sind, versuchen Sie beim Laufen mitzuzählen, wie viele Schritte Sie pro Atemzug machen. Versuchen Sie drei Schritte lang einzuatmen und drei Schritte lang auszuatmen. Das alles mit geöffnetem Mund. Bei der Atmung durch die Nase bekommen Sie nicht genug Luft. Bei der drei-drei-Atmung sind Sie mit großer Sicherheit im Fettverbrennungspuls. Wer sehr kleine Schritte macht, kann auch vier-vier laufen. Dieses Zählen ist sehr wichtig. Wenn Sie merken, dass drei-drei nicht mehr geht und Sie zwei ein-, und drei ausatmen, sind Sie zu schnell für den Anfang. Es ist völlig normal, vom ersten bis zum letzten Schritt mitzuzählen. Das habe ich jahrelang gemacht und tue das heute noch, wenn ich in einem Wettbewerb auf Zeit laufe. Dann ist es fast nicht möglich, Seitenstiche zu bekommen.

Damit sind wir bei der Atemtechnik für Fortgeschrittene.

Laufen Sie sich mit drei-drei ein. Das ist für Fortgeschrittene zu langsam. Werden Sie allmählich schneller. Bald merken Sie, dass Sie drei-drei nicht mehr schaffen, Sie werden kurzatmig. Dann atmen Sie zwei Schritte ein und drei Schritte aus. Dann das Tempo halten und den Puls messen oder auf die Pulsuhr schauen. Die Pulsfrequenz, die Sie jetzt haben, ist wahrscheinlich der Fettverbrennungspuls.

Das scheint alles recht kompliziert, aber Sie brauchen nur einmal den ungefähren Wert. Wenn Sie nicht sofort am ersten Tag den optimalen Bereich treffen, ist es auch nicht so schlimm, solange Sie nicht permanent viel zu „hochpulsig" laufen.

Es gibt einige Warnsignale, die ein Überschreiten des gesunden, des Fettverbrennungspulses, ganz sicher anzeigen.

Sie frösteln während des Laufens. Meistens kurz vor Ende, wenn das Ziel schon zum Greifen nahe ist. Dann sind Sie nahe am Maximalpuls. Noch etwas Tempo zulegen, dann sind Sie tot! Im Ernst, Sie sind viel zu hoch!

Die folgenden Warnsignale stellen sich nach dem Laufen ein.

Der „Zielpuls" muss sich nach 300 Metern Gehen mindestens um 30 Schläge vermindert haben. Sofort, wenn Sie am Ziel angekommen sind, sehen Sie auf die Pulsuhr oder messen den Puls. Dann gehen Sie 300 Meter und messen erneut. Das schnelle Absinken um mindestens 30 Schläge nach drei Minuten ist ein sicheres Zeichen, dass Sie sich nicht überfordert haben. Rennen Sie niemals bis in die Haustür hinein. Es ist besser für das Herz, wenn es sich langsam beruhigt. Das tut es bei forschen Gehen.

Der rote Kopf nach dem Laufen sollte nach 15 Minuten weg sein! Viele Läufer haben nach dem Duschen noch einen hochroten Kopf. Das zeugt ebenfalls von Überlastung. Natürlich gibt es noch andere Gründe für einen roten Kopf. Wenn Sie den ganzen Tag bei 5°C im Wind standen, ist Ihr Kopf aus anderen Gründen noch lange nachher rot. Beobachten Sie sich selbst. Wenn Sie den roten Kopf haben, laufen Sie bewusst einmal mit durchschnittlich zehn Schlägen weniger. Dann merken Sie wahrscheinlich die Veränderung.

Muskelkater am nächsten Tag. Das ist ein Zeichen für die Übersäuerung der Muskeln. Das bedeutet, der Laktatwert war über 4 mmol/l. Wenn Sie mit dem Laufen beginnen und nicht nach dem ein-Minuten-System beginnen, ist der Muskelkater schwer zu vermeiden. Laufen Sie aber regelmäßig und haben plötzlich Muskelkater, nach Wechsel der Laufgruppe im Lauftreff zum Beispiel, waren Sie oberhalb des Fettverbrennungspulses.

Natürlich gibt es auch die Möglichkeit, zu langsam zu laufen. Diese Version ist deutlich seltener als der Fehler, zu schnell zu sein. Wenn Sie nach vier Wochen regelmäßigen Laufens keine Veränderung in Ihren Blutwerten und noch viel wichtiger: keine Verringerung des Körperfettgehaltes feststellen, dann testen Sie einmal zehn Pulsschläge im Durchschnitt mehr.

Dabei achten Sie aber auf die Warnsignale der Überlastung.

Überlastung hat übrigens die selben Symptome im Blut. Auch bei Überlastung verändert sich das Blut nicht positiv!

Der Herzfrequenzmesser

Herzfrequenzmesser zeigen die Anzahl der Herzschläge pro Minute an. Es gibt Geräte von 25 bis 250. Sie bestehen aus einem Brustband, welches unterhalb der Brustmuskulatur angelegt wird. Dieses Band zählt die Herzschläge und sendet die Anzahl an die Armbanduhr. Diese Armbanduhr hat je nach Preislage unterschiedliche Funktionen. Sowohl Brustband als auch die Uhr haben eine eigene Batterie.

Das Mindeste, was eine Pulsuhr anzeigt, ist die aktuelle Herzfrequenz. Uhr und Stoppuhr sind heute auch bereits Standard.

Dann kann eine Obergrenze und eine Untergrenze festgelegt werden, bei der die Pulsuhr ein Warnsignal geben soll. Angenommen Sie haben ein Fettverbrennungspuls von circa 145, dann stellen Sie die Uhr auf 130 Untergrenze und 165 Obergrenze ein. Wenn Sie sich an die Technik und an das konsequent gleiche Tempo gewöhnt haben, reduzieren Sie die Obergrenze auf 160. Die Schwankungsbreite von 30 Schlägen brauchen Sie, weil das Herz kurzzeitig schneller oder langsamer wird, ohne dass Sie läuferisch Schuld daran sind.

Wenn Sie die Obergrenze überschritten haben, gibt eine gute Pulsuhr ein akustisches Signal. Sie piept hektisch. Das Piepen ist wichtig, damit Sie die Uhr nicht die ganze Zeit im Blick haben müssen. Dann müssen Sie sofort reagieren, d.h. langsamer werden. Wenn Sie das nicht tun und das nervige Piepen drei Minuten ertragen, weil der Anstieg dann vorbei ist, werden Sie das Piepen die nächsten drei Minuten auch nicht mehr los. Drei Minuten falsch Laufen nimmt Ihnen Ihr Herz noch drei Minuten übel, wenn Sie schon wieder langsam genug sind. Also: sofort beim ersten Piepen reagieren. Dann bekommen Sie Ihren Herzschlag schnell wieder in den Griff. Es gibt Leute, die das akustische Signal ausschalten, weil sie es nervig finden. Dann laufen die falsch! Nervig muss es sein, dafür ist der Herzfrequenzmesser da! Besser wären Stromschläge bei Überschreiten des oberen Wertes!

Es gibt zwei Situationen mit unrealistischen Werten der Pulsuhr. Unter Hochspannungsleitungen spinnt der Herzfrequenzmesser. Das war klar und steht auch in der Bedienungsanleitung. Aber dann habe ich beobachtet, dass immer, wenn ein neuer Mercedes oder ein anderes großes Auto an mir vorbeifuhr, mein Herz auf über 200 gesprungen ist. Nie passierte es bei einem alten Golf Diesel, aber auch nicht bei jedem S-Klasse-Mercedes. Anfangs machte ich die Elektronik der neuen Autos dafür verantwortlich, bis ich merkte: Die telefonieren! Seitdem habe ich eine andere Einstellung zu den Handystrahlen! Teurere Messgeräte, als ich sie im Einsatz habe, sind besser abgeschirmt und reagieren nicht so leicht auf Störungen.

In den ersten fünf Minuten des Laufens sind auch noch falsche Werte möglich. Das ist normal. Das Brustband muss erst richtigen Kontakt zur Haut bekommen. Dazu ist Feuchtigkeit, z.B. Schweiß erforderlich.

Der Herzfrequenzmesser ist anfangs nicht für Höchstleistungen entwickelt worden, sondern wird überwiegend von „Gesundheitsläufern" benutzt. Trotzdem brauchen Sie die Stoppuhr.

Sie laufen die halbe Stunde, die Sie für Ihre tägliche Hausstrecke benötigen und drücken die Stoppuhr. Dann gehört in das Trainingstagebuch die Strecke, die Zeit und der durchschnittliche Trainingspuls. Diesen errechnen nicht alle Herzfrequenzmesser. Ich halte diesen Wert aber für sehr wichtig, da er Aufschluss über den Trainingsfortschritt gibt. Die gleiche Strecke bei gleicher Zeit ist trotzdem ein Trainings-fortschritt, wenn diese Zeit mit einem niedrigeren durchschnitt-lichen Puls erreicht wird. Ziel des gesamten Laufens ist schließ-lich auch, den Puls abzusenken. Einerseits den Ruhepuls, aber auch den Belastungspuls. Ihr Herz muss nicht so oft schla-gen, um die geforderte Leistung zu bringen. Also hält es län-ger durch. Sie sterben später!

Zusätzlich zu den Standardfunktionen halte ich folgende Funktionen für wichtig:

1. Akustisches Signal bei Über- und Unterschreiten

2. Durchschnittlicher Trainingspuls

Sie bekommen Herzfrequenzmesser mit etwas Glück bei Aldi, Lidl & Co. zu einem sehr günstigen Preis. Achten Sie darauf, ob die Funktionen alle dabei sind. Zur Qualität der Aldi-Geräte kann ich keine negativen Aussagen machen. Fünf Geräte von Aldi habe ich seit drei Monaten im Einsatz. Bisher ohne Pro-bleme. Der Herzfrequenzmesser von Aldi kostete DM 45,00. Das entsprechende Gerät bei dem Marktführer „Polar" koste-te DM 249,00! Alles noch vor der Euro-Umstellung.

Für meine Seminare habe ich bei der Firma „Ciclo-Sport" Herzfrequenzmesser eingekauft. Der Ladenpreis beträgt 59,90. Die Geräte bekommt man im gut sortierten Sportgeschäft oder im Fahrradfachhandel. Der CP10 von Ciclo-Sport kann auch bei mir bestellt werden.

Der Markt für Herzfrequenzmesser verändert sich rasend schnell. Mittlerweile (während ich an dem Buch geschrieben habe) hat auch die Firma „Polar" die Angebotspalette an Puls-uhren erweitert und ist mit Einsteigermodellen deutlich gün-stiger geworden.

Eine sehr interessante Variante eines Herzfrequenzmessers gibt es nur bei „Polar". Die Funktion „Own-Zone". Diese Funk-tion ist von Polar patentiert. Noch kenne ich diese Uhren nicht, werde sie aber bald ausprobieren. Nur soviel: Die „Own-Zone" Uhren berechnen selbst den Fettverbrennungspuls. Sie müssen nichts einstellen. Egal, ob Sie morgens oder abends laufen, der Wert wird immer neu berechnet. Dieses dauert zehn Minuten. In diesen zehn Minuten misst der Herzfrequenzmesser die Steigerung des Pulses und ermittelt daraus den Trainingszustand. Das Alter und das Gewicht haben Sie vorher eingegeben.

Ab 130,- EUR sind diese Geräte bei „Polar" zu haben.

Laufen ohne Herzfrequenzmesser?

Der Herzfrequenzmesser hilft Zeit zu sparen.

Einen Herzfrequenzmesser ist nicht so wichtig, wenn:

1. Sie mehr unter sportlichen Aspekten als für die Gesundheit laufen.

2. Sie fünf Stunden oder mehr wöchentliches Laufen einplanen.

Eine Pulsuhr sorgt dafür, dass Sie die Zeit im Wald auf der Laufstrecke optimal nutzen. Wenn Sie nach Gefühl laufen, kann es sein, dass Sie es nicht rechtzeitig merken, wenn Ihr Herz zu schnell schlägt. Manchmal ist die Steigung „mit bloßem Auge" nicht zu erkennen. Trotzdem schlägt das Herz sofort schneller. Irgendwann sind Sie soweit, dass Laufen zur Routine geworden ist. Dann lösen Sie während des Laufens Probleme, denken über Ihre Zukunft nach, planen den nächsten Urlaub oder gehen noch mal die 51 Bundesstaaten der USA durch. Dann kann es sein, dass Sie nicht auf das Tempo achten. Sie merken erst, dass Sie kurzatmig werden, wenn Sie schon zehn Minuten zu schnell gelaufen sind. Zehn Minuten waren Sie außerhalb des Fettverbrennungspulses. Dann braucht der Körper die gleichen zehn Minuten, um sich von dem Stress zu erholen. Folglich können Sie zwanzig Minuten der Laufzeit streichen. Wenn Sie aus Zeitgründen nur 30 Minuten täglich laufen, können Sie sich dass nicht leisten. Die Pulsuhr hilft wirklich, von den 30 Minuten zumindest 25 im grünen Bereich zu sein.

Wer allerdings 20 Kilometer pro Tag läuft, –aus gesundheitlichen Gründen, wohlgemerkt, nicht als Marathontraining–, der kann sich 20 verschenkte Minuten leisten! Margarethe Schreinemakers soll angeblich jeden Tag 20 Kilometer laufen. Sie verbrennt auch Fett ohne Herzfrequenzmesser.

Der Körperfettgehalt

Was ist der Körperfettgehalt, wie misst man ihn?

Fett zu verbrennen ist vor allem aus einem Grund wichtig:

Wir nehmen heute mehr Fett zu uns als früher. Dieses Fett haftet in den Blutbahnen und Gefäßen und verengt sie. Die Folgen dieser durch Fettablagerungen verengten Blutbahnen sind Herz- und Kreislauferkrankungen, z.B. Herzinfarkt, und schlechtere geistige Leistungsfähigkeit wegen verstopfter Äderchen im Gehirn.

Was ich jetzt versuche, zu erklären und zu beschreiben habe ich bei Ärzten gehört und aus Büchern und Zeitschriften erfahren. Einige Mediziner widersprechen einander. Die absolute Wahrheit gibt es nicht. Ganz bestimmt auch nicht in diesem Buch. Ich weiß nur sicher, welche Auswirkungen der Fett-Verbrennungspuls auf mich hat. Trotzdem möchte ich den Hintergrund beleuchten, so weit ich es nachvollziehen kann.

Am 15. Dezember 2000 habe ich ein Seminar bei Dr. med. Ulrich Strunz besucht. Auf einer Leinwand zeigte er den Videofilm einer Operation. Da wurde eine Halsschlagader auf ca.

10 cm Länge aufgetrennt und die Fettablagerungen mit einem Spachtel herausgekratzt. Die Ader hatte mindestens 50% ihres ursprünglichen Durchmessers eingebüßt. Es floss also nur noch halb soviel Blut vom Herzen in das Gehirn. Nach der Operation ist die Halsschlagader auf 10 cm zwar wieder frei, aber wir verfügen über viele tausend Kilometer kleinster Äderchen, die ebenfalls vom Fett befreit werden müssten, aber verstopft bleiben. Da unser Gehirn nicht selbst atmen kann, wird durch das Blut Sauerstoff in das Gehirn transportiert. Das Gehirn lebt von Sauerstoff. Nur in verfetteten Körpern ist die Leitung zugekleistert, das Gehirn „verkalkt"!

Es ist nicht die Wampe, die die kürzere Lebenserwartung von verfetteten Personen ausmacht. Zwar ist das zu hohe Körpergewicht schlecht für Knie und Gelenke, aber in der Regel stirbt man daran nicht. Der Herzinfarkt dagegen bringt uns um. Nicht jeder Mensch mit Herzinfarkt ist dick. Es gibt Personen, die würde man durchaus als schlank bezeichnen, dabei haben diese „Schlanken" eventuell einen Körperfettanteil von über 30% (bei Männern). Die Faustzahlen sagen:

Frauen: unter 25% in Ordnung, unter 22% sehr gut, über 35% Achtung!

Männer: unter 20% in Ordnung, unter 17% sehr gut, über 30% Achtung!

Die Zahlen sind abhängig vom Alter. Die genannten Zahlen gelten für 30 bis 35-jährige.

Die Körperfettwerte misst man selbst mit einer Körperfettanalysewaage. Diese gibt es ab 100,00 DM im Sanitätsfachhandel oder ab und zu bei Aldi/ Lidl und Co.

Auf der Wiegefläche sind im Bereich der Fußballen und der Fersen Metallplatten angebracht. Durch diese wird geringer Strom durch den Körper geschickt. Fett hat einen anderen elektrischen Widerstand als Knochen und Muskeln. So kann ein Mann bei 180 cm und 80 kg einen Fettgehalt von 18%

oder 28% haben. Wer durch das Laufen abnehmen will, sollte sich auf jeden Fall diese Waage gönnen, weil sie schneller den Erfolg zeigt als eine normale Waage. Wenn man beginnt, Sport zu treiben, wird das Fett weniger und die Muskeln werden mehr. Muskeln sind aber schwerer als Fett. Wenn Sie nach zwei Wochen Training nichts abgenommen haben, aber 3% weniger Körperfettanteil haben, sagt Ihnen das die Waage. Sie haben dann optimal trainiert. Eine normale Waage hätte noch keine Veränderung gezeigt, Sie wären frustriert.

Wer mit einer normalen Waage die Kontrolle durchführt, hat zwei Möglichkeiten:

1. Falsch trainieren! Wasser aus dem Körper entziehen. Das ist sehr ungesund, nicht nachhaltig und sehr einfach. Beispiel: Wenn ich 20 km laufe, habe ich mindestens zwei Kg abgenommen. In zwei Stunden!

Diese irreführenden Beispiele werden Leuten vorgegaukelt, die Gewichtsprobleme haben. 7 Pfund in 7 Tagen. Das ist eine Frechheit. Wenn Sie das schaffen – und das schafft jeder– so ist das nur Wasser!

2. Richtig trainieren! Dann wird Sie eine normale Waage in den ersten 14 Tagen sehr frustrieren, weil sie keine Veränderung zeigt. Dabei hat sich soviel verändert!

Zum Thema abnehmen:

Aus den gerade geschilderten Gründen nehmen Sie zu Beginn des Lauftrainings nur schnell ab, wenn Sie sehr viel Übergewicht haben.

Wer „Körpergröße minus einhundert" wiegt, muss etwas Geduld haben. Dabei hilft die Fettanalysewaage.

Achten Sie aber darauf, dass Sie sich auf dieser Waage immer zur gleichen Zeit und im gleichen Zustand (vor oder nach dem Duschen) wiegen. Morgens kann der Gehalt stark zu abends variieren. Vom Duschen durchweichte Füße haben eine andere Leitfähigkeit als trockene.

Eine solche Waage ist sehr interessant! Manchmal kann man schon eine Pizza-Hollandaise-Orgie an dem Körperfettwert ablesen.

Die Streitfrage Vorfußlaufen

Bis Mitte 2000 hatte ich kaum etwas über das Vorfußlaufen gehört. Ich lief so, wie ich es für normal hielt und in diversen Büchern über das Laufen bestätigt fand:

Mit der Ferse außen aufsetzen und nach vorne innen abrollen. Probleme mit den Knien kenne ich sehr wohl, deshalb habe ich bei meinem Gewicht von 72 bis 76 kg die teuersten Schuhe gekauft, mit der allerbesten Dämpfung. Ich laufe zu 50% im Wald und zu 50% auf Asphalt. Es ging immer sehr gut. Knieprobleme hatte ich beim Laufen eigentlich nie, Probleme mit dem Rücken schon. Diese waren nicht durch das Laufen entstanden, aber es gab einige Tage, an denen ich auf das Laufen verzichten musste, weil die Stöße bei jedem Schritt unerträglich für den Rücken waren. Die Ferse „knallt" ungebremst auf den Boden und wird nur durch Nike, Asics, Adidas oder wen auch immer abgefedert.

Wer sehr schnell läuft - Sprinter oder Marathon deutlich unter drei Stunden - läuft immer Vorfuß. Ist auch logisch, aber eben nichts für „normale" Läufer, dachte ich.

Diese Einstellung änderte wieder einmal Strunz am 15.12.2000. In seinem Seminar stellte er die Frage, was wohl die natürlichste Art des Laufens wäre. Logisch, ohne Schuhe zu laufen ist am natürlichsten! Dann bat, nein befahl (wer Strunz kennt, weiß das!) er den 200 Teilnehmern im Saal, die Schuhe auszuziehen. Dann mussten alle laufender Weise eine Runde auf dem Parkettboden durch den Saal drehen. Nicht einer von den 200 Teilnehmern käme im Traum darauf, die

Ferse aufzusetzen. Wenn Sie es nicht glauben, lieber Leser, testen Sie es selbst!

Warum hat niemand mit der Ferse zuerst aufgesetzt? Weil der Stoß bei jeden Schritt ungefedert ins Knie und in den Rücken geht! Nur die guten Laufschuhe machen Fersenlaufen erträglich. Aus diesem Grund sagen einige Orthopäden: „Laufen ist schädlich für Knie und Rücken! Fahren Sie lieber Fahrrad oder schwimmen Sie!" Nur, nicht alle Patienten haben soviel Zeit, wie die Orthopäden es gerne hätten. Eine Stunde sehr sportliches Fahrradfahren hat den gleichen Fettverbrennungseffekt wie 30 Minuten lockeres Laufen.

Zurück zu den 200 Teilnehmern bei Strunz. Ich war wirklich überzeugt! Ab morgen wollte ich nur noch Vorfußlaufen! Doch so einfach ist das nicht!

Ich lief am 16.12.2000 gleich auf dem Vorfuß los. Langsam, anstrengend, „eierig" und total ungewohnt war es.

Kurz: eine Katastrophe. Ich beschloss, mich zuerst einmal einen Kilometer normal einzulaufen. Dann probierte ich es erneut. Genauso schlimm, aber ich lief weiter, weil gerade niemand in der Nähe war, der mich sehen konnte. Nach 100 m spürte ich meine Waden, nach 200 m taten sie weh und nach 300 m gab ich das Vorfußlaufen für diesen Tag auf. Ich lief normal die restlichen 7 km.

Am nächsten Tag spürte ich meine Muskeln schmerzhaft und verkatert in den Waden! Als der Muskelkater sich verzogen hatte, probierte ich es erneut. Diesmal schaffte ich schon 400 Meter. Nach 4 Monaten brachte ich es auf 3 km Vorfußlaufen. Ein hartes Stück Arbeit. Dann habe ich es nicht weiter geübt, weil ich keine Probleme mit den Knien habe und nach 3 km meiner Laufstrecke Waldboden beginnt. Seitdem laufe ich die ersten 3 km Vorfuß, dann normal weiter. Im Winter werde ich noch einige Kilometer Vorfuß dranhängen. Bis ich einen Marathon locker, leicht und schwebend wie die Kenianer (so ähnlich drückt Strunz sich aus!) laufen kann, werden Jahre vergehen.

Fazit: Die Umstellung war für Jürgen Petersen sehr schwierig.

Ich kenne aber auch das Beispiel einer jungen Frau, die viel Gymnastik und Dehnung usw. betrieben hat, die sich innerhalb von 14 Tagen komplett auf Vorfußlaufen umgestellt hat.

Meine Empfehlung: Üben Sie die Technik langsam ein, um sie parat zu haben, falls Sie sie brauchen. Eventuell werden Sie irgendwann am Rücken operiert, oder bekommen Knieprobleme. Dann ist es wichtig, diese Lauftechnik zu beherrschen. Auf hartem Untergrund kann man dann dieses „Werkzeug" benutzen und im Wald normal laufen.

Wichtig ist das Vorfußlaufen auch bei stark übergewichtigen Personen, die das Laufen beginnen. Durch das langsame Steigern des Laufpensums nach dem „Brainrunning–Prinzip" (siehe entsprechendes Kapitel) fällt das Vorfußlaufen nicht schwer.

Dann war ich also überzeugt vom Vorfußlaufen, wusste wie schwer es für mich war und erzählte allen davon. Da treffe ich einen Freund aus München, selbst Läufer, der sagt: „Zwei Orthopäden haben mir gesagt, dass Vorfußlaufen zu bleibenden Schäden an der Achillessehne führen kann!". Das gab mir zu denken! Abends auf meiner Laufstrecke habe ich dann meinen Körper gefragt, ob das möglich ist. Schnell merkte ich, was gemeint war:

Es gibt zwei Arten des Vorfußlaufens:

1. Ohne Aufsetzen der Ferse, dies ist die Technik der Sprinter und der Marathonläufer unter 2 Std. 45 Minuten.

2. Mit Aufsetzen der Ferse, nachdem der Ballen zuerst den Boden berührt hat. Diese Technik meine ich.

Im ersten Fall muss die Achillessehne bei mir 75 kg, also mein gesamtes Körpergewicht, auffangen. Als ich das abends tat, merkte ich nach 500 m, dass meine Achillessehne Schwerstarbeit leisten musste. Daher haben die Orthopäden sicherlich Recht bei Technik 1.

Bei Technik 2 allerdings teilen sich die Achillessehne und die Knie das Körpergewicht. Die Achillessehne fängt die Hälfte ab, dann „knalle" ich mit der verbleibenden Hälfte auf die Hacke und die verbleibenden 50% des Körpergewichtes werden im Knie abgefangen.

Ich war nicht nur stolz darauf, schnell eine Antwort auf die Diskussion gefunden zu haben, sondern ich war begeistert, wie klar und deutlich mein Körper mir die Lösung gezeigt hatte. Nur fragen muss man ihn schon. Der eigene Körper hat eine viel höhere Autorität als Doktoren, Professoren oder gute Freunde. Hören Sie auf Ihren Körper! Etwas von anderen zu übernehmen, zum Beispiel aus meinem Buch, ist nur solange richtig, bis Ihr Körper erste Alarmzeichen gibt. Da kann Jürgen Petersen 100 mal sagen: „So ist es aber richtig!", nur Sie zählen.

Eines fehlt noch zum Vorfußlaufen. Viele empfinden die Technik 1. als wesentlich einfacher als Technik 2. Das richtige Vorfußlaufen müssen die meisten Menschen erst lange üben, trotzdem halte ich es für wichtig.

Zum Schluss ein kleiner Test zum Mitmachen:

Ziehen Sie die Schuhe aus und stellen Sie sich hin. Jetzt probieren Sie alle 3 Lauftechniken einmal aus:

1. Nur auf der Fußspitze ohne Fersenkontakt.

2. Fußspitze zuerst, dann die Ferse.

3. Ferse zuerst.

Meistens fühlt sich 1. am besten an, aber achten Sie mal auf die Achillessehne! Merken Sie, was sie leisten muss? 2. ist ungewohnt, aber ohne große Belastung und 3. lassen die meisten nach 5 Schritten, weil es direkt ins Knie geht.

Versuchen Sie es mal auf der Laufstrecke. Aber ganz langsam anfangen! Als Läufer haben Sie fast ein Leben lang Zeit, um sich daran zu gewöhnen.

Brainrunning–Laufprogramm

Aus den vielen Informationen, die ich aus Büchern, Seminaren und vor allem aus eigener Erfahrung gesammelt habe, habe ich ein Laufprogramm entwickelt. Natürlich habe ich das Rad nicht neu erfunden, aber einige Punkte sind dabei, die eine tatsächliche Umsetzung wahrscheinlich machen. Ich habe versucht, möglichst viele Elemente einzubauen, die für die Motivation und Selbstdisziplin wichtig sind.

Die Entscheidung

Am Anfang steht die Entscheidung, wirklich etwas verändern zu wollen. Diese Entscheidung hat meistens einen speziellen Auslöser. Mögliche Auslöser sind:

- Motivation durch ein Buch oder ein Seminar.
- Plötzliche gesundheitliche Ereignisse (oft wenig erfreuliche).
- Motivation durch einen Freund oder Freundin.

Jede Entscheidung zieht Konsequenzen nach sich. Die Entscheidung, mit dem Laufen zu beginnen, hat ein gesünderes, längeres und erfolgreicheres Leben zur Folge. Aber sie hat auch ihren Preis, denn sonst täte es jeder. Und wenn jeder einen Porsche fahren würde, wäre das Porschefahren schon nicht mehr ganz so schön!

Also: der Preis, den ich in den ersten vier bis acht Wochen bereit sein muss zu bezahlen, ist: Jeden Tag zu laufen, das kostet Zeit und greift in den Tagesablauf ein.

Meistens betrifft es auch andere Menschen. Wer Familie hat, muss unweigerlich der Familie davon berichten. Es ist sehr wichtig, sich die Unterstützung der Familie zu holen. Nur sehr selten wird der Partner oder die Kinder etwas gegen den Vorsatz haben, gesünder zu werden. Dann muss die Familie aber auch mit den Konsequenzen leben und die Aktivitäten im Kreise der Familie zu Gunsten des Laufens um 30 Minuten verschieben. Wenn alle das Problem kennen, ist es leicht zu umschiffen.

Viel wichtiger als die Probleme mit den Aktivitäten der Familie ist die Unterstützung, die Sie durch Ihre Familie bekommen. Wenn Sie Motivationsprobleme haben, sprechen Sie diese offen an und finden Sie zusammen eine Belohnung, wenn Sie durchhalten. In sehr vielen Fällen werden Sie nicht das einzige Mitglied der Familie bleiben, das läuft.

Dazu appelliere ich an Ihre Vernunft, mit Kindern behutsam umzugehen. Nicht weil Kinder nicht so belastbar sind, im Gegenteil. Kinder werden sehr schnell richtig gute Läufer. Aber Kinder sind selten so ehrgeizig wie Väter. Da kenne ich einige sehr schlimme Beispiele, wie Väter mit den gewonnenen Preisen der Söhne ihr eigenes ramponiertes Ego aufbessern. Kinder sind von Natur aus motivierter als Erwachsene. Wenn Sie der Motivation der Kinder nachhelfen müssen, dann tun Sie nichts Gutes!

So, genug der Warnungen!

Der erste Tag für Anfänger

Die nächsten Sätze sind speziell für absolute Laufanfänger, die „Fortgeschrittenen" müssen noch etwas Geduld haben!

Sie haben sich entschieden? Herzlichen Glückwunsch! Im Augenblick müssen Sie noch niemandem davon erzählen, das können Sie heute Abend machen oder morgen. Falls Sie das Glück haben und noch nie gelaufen sind und es jetzt einmal versuchen wollen, beneide ich Sie um den tollen Erfolg, den Sie in den nächsten Wochen verspüren werden. Und den ersten Schritt zum Erfolg machen Sie jetzt! Er dauert eine Minute, und ist der Wichtigste überhaupt:

Ziehen Sie die Schuhe aus, stehen Sie auf und sehen Sie auf die Uhr. Jetzt laufen Sie eine Minute auf der Stelle!

So, der erste Schritt ist gemacht. Was taten Sie soeben?

- Sie liefen schonend für Knie und Rücken, nämlich auf den Ballen.

- Sie gewöhnten Ihre Gelenke an die Belastung Ihres zukünftigen Lebens als Läufer.

- Sie haben den ersten Trainingstag hinter sich gebracht und es geschafft.

Einige werden jetzt vielleicht denken: „So ein Blödsinn! Das hat doch nichts für meine Gesundheit gebracht!" Hat es auch nicht. Wenn Sie sich zusammengerissen hätten, hätten Sie vielleicht schon 20 Minuten durch den Wald laufen können. Mit welchem Erfolg?

- Morgen haben Sie das Gefühl, ein Panzer ist über Ihre Beine gefahren.

- Morgen wird das Laufen mit dem Panzer sehr schwerfallen.

- Wenn Sie trotzdem eisern durchhalten, haben Sie nach zwei Monaten bleibende Knieschäden.

Zurück zu den Ein-Minuten-Läufern.

Morgen laufen Sie zwei Minuten, übermorgen drei und so weiter (natürlich jetzt auch gerne mit Laufschuhen). Jeden Tag eine Minute mehr. Anfangs eine Minute auf der Stelle, dann langsam loslaufen. Nach der ersten Woche kann man auch daran denken, das Haus zu verlassen. Wenn Ihr Nachbar Sie dann das erste Mal sieht und Sie fragt, was in Sie gefahren sei, sagen Sie: „Ich habe angefangen zu laufen. In der letzten Woche bin ich sieben Mal gelaufen. Heute ist der achte Tag! Noch Fragen?"

Die Lauftechnik, die Atmung und was es sonst noch zu bedenken gibt, kommt an anderer Stelle in diesem Buch. Das Wichtigste ist erst einmal, langsam anzufangen. Wenn Sie genau das machen, was ich eben beschrieben habe, werden Sie selbst bei Übergewicht zum Läufer werden. Bei bestehenden Knie- oder Rückenschäden kann natürlich nur ein Arzt entscheiden, ob Laufen möglich ist. Aber aufgepasst! Ärzte wissen auch nicht alles. Unter den Ärzten gibt es Lauffanatiker und Laufgegner. Der Mittelweg ist optimal.

Der erste Tag für Trainierte

Viele Leser werden die Vorzüge des Sports für ein gesünderes und schöneres Leben bereits kennen. Ich versuche zu beschreiben, wie Sie den vollen gesundheitlichen Effekt in der kürzesten Zeit herausholen. 17 Jahre bin ich gelaufen und habe mindestens 50% der positiven Effekte verschenkt. Jetzt bin ich einigermaßen nahe dran. Die Probleme waren die Regelmäßigkeit und die Geschwindigkeit. Aber der Reihe nach.

Die Entscheidung muss auch bei Trainierten fallen, jetzt einmal den vollen Effekt kennenlernen zu wollen. In den ersten vier Wochen hat die Entscheidung ebenfalls einen erheblichen Einfluss auf den Tagesablauf. Allerdings kennt die Familie den Zeitaufwand für Sport schon und das Brainrunning-Laufprogramm nimmt deutlich weniger Zeit ein als andere sportlichen Aktivitäten.

Es geht los.

Und zwar heute. Wenn Sie den ersten Lauftag auf nächste Woche verschieben, sinkt die Wahrscheinlichkeit auf 1%, dass Sie konsequent durchhalten!

Schuhe an und anfangs eine Minute auf der Stelle laufen. Selbst wenn Sie noch keine Lauferfahrung haben, weil Sie andere Sportarten betreiben und deshalb keine Laufschuhe besitzen, ist das nicht schlimm. Wenn Sie auf der Stelle laufen, laufen Sie richtig. Dann fortbewegen und die Atmung kontrollieren. Für die ersten Tage ist es zu empfehlen, drei Schritte ein- und drei Schritte auszuatmen. Dann überfordern Sie sich ganz sicher nicht. Nach drei Minuten sollten Sie eine kurze Dehnungspause einlegen. Dann geht es weiter, wenn Sie es schaffen, 30 Minuten.

Es ist übrigens sinnvoller, langsam durchzulaufen, als schnell zu laufen, zu gehen und wieder schnell zu laufen. Dann schlägt das Herz zu unregelmäßig. Bei der 3/3 Atmung ist es nur möglich, langsam zu laufen, dafür gleichmäßig und ausdauernd.

Nach 30 Minuten laufen drei Minuten die Muskeln dehnen.

Das reicht für heute! Das war der erste von 28 aufeinanderfolgenden Tagen!

Wer muss mit einer Minute beginnen?

Es gibt viele Gründe, um den Körper in Minischritten an das Laufen zu gewöhnen. Am liebsten wäre mir, jeder Leser, der aufgrund meiner Empfehlungen mit dem regelmäßigen Laufen im Fettverbrennungspuls beginnt, würde in Ein-Minuten-Schritten das Laufpensum steigern. Natürlich kann ich keine Garantie für einen reibungslosen Start der Laufkarriere übernehmen, dafür müsste ich Mediziner sein und jeden Menschen persönlich und medizinisch in- und auswendig kennen. Aber wer als Ein-Minuten-Läufer beginnt, der schafft den Übergang in das neue Leben mit wesentlich höherer Sicherheit.

Unbedingt nach diesem System beginnen muss, wer:

- Übergewicht hat, mehr wiegt als: Größe minus 100 plus 10%, oder

- Eine Operation an Knie oder Rücken hinter sich hat, oder

- Knie oder Rücken bei Bewegung weh tun, oder

- Im den letzten drei Monaten weniger als drei mal wöchentlich eine Stunde Sport trieb, oder
- Älter als 50 Jahre ist, oder
- An einer Herz-Kreislauferkrankung leidet

Die erste Woche

Für die Laufanfänger ist die erste Woche mit einer Laufzeit von sieben Minuten noch nicht so anstrengend. Wer will, kann schon das Haus verlassen und einmal um den Block laufen. Aber die Zeit wirklich nicht überschreiten. Wenn die Laufzeit um ist, Sie aber noch nicht zu Hause angekommen sind, gehen Sie eben den Rest.

Zwei organisatorische Dinge gehören zwingend in die erste Woche:

1. Die erste Blutuntersuchung.

2. Kauf von Laufschuhen.

Die Blutuntersuchung ist wichtig, damit Sie sich selbst und anderen Zweiflern schwarz auf weiß beweisen können, was mit ihrem Körper geschehen ist. Nach vier bis sechs Wochen ist schon eine wesentliche Verbesserung der Blutwerte erreicht. Also so frühzeitig wie möglich zum Arzt, solange Ihre Werte noch nicht so toll sind. Wenn Sie es erst nach einem Monat tun, nehmen Sie sich einen großen Teil des Motivationseffektes. Die Blutuntersuchung ist kein großer Akt. Sie müssen sich dafür keinen Termin holen. Ein kurzer Anruf bei Ihrem Arzt, kurz erklärt, was Sie vorhaben und den Arm hinhalten. Eine Arzthelferin nimmt Blut ab und nach einigen Minuten sind Sie wieder draußen. Das Blut muss nur auf die Standardwerte untersucht werden. Es ist auch ohne laufen zu wollen, gut zu wissen, ob alle Werte im grünen Bereich sind. Gesamtcholesterinwerte von 280 tun leider nicht weh und sind doch so schädlich!

Die Standarduntersuchung besteht aus mindestens zehn Werten (z.B. Gesamtcholesterin, HDL, LDL, Blutzucker, Triglyceride, einige Leberwerte, Gesamteiweiß, usw.). Auf dem Ergebnisblatt, welches Sie sich am nächsten Tag faxen lassen können, ist immer der Bereich angegeben, der optimal ist. Wenn etwas ernsthaft nicht in Ordnung ist, wird Ihr Arzt sich melden. Ansonsten können Sie mit den Zahlen der Blutuntersuchungsergebnisse auch ganz ohne Vorkenntnisse die Lage Ihrer Gesundheit einschätzen.

Dann machen Sie gleich den zweiten Untersuchungstermin ab. Für Anfänger frühestens sechs Wochen später, wer gleich täglich 30 Minuten gelaufen ist, kann schon ab vier Wochen deutliche Verbesserungen sehen. Ich hoffe nicht, dass es vorkommt, aber falls ein Arzt sagt, für die zweite Untersuchung besteht keine medizinische Notwendigkeit, die Untersuchung darf er mit der Krankenkasse nicht abrechnen, teilen Sie mir bitte den Namen des Arztes mit.

Wenn alle Menschen das Laufen beginnen würden und regelmäßig ihr Blut untersuchen ließen, würden die Kassenbeiträge halbiert werden können. Die Kehrseite der Medaille ist, die Rentenversicherung bekommt Probleme und viele Ärzte wären arbeitslos.

Sie brauchen in der ersten Woche anständige Laufschuhe! Würden Sie immer auf dem Ballen laufen, bräuchten Sie eigentlich keine, zumindest keine besonders teuren, aber das Vorfußlaufen ist nicht so einfach wie es sich anhört. Diesem Thema habe ich ein Extrakapitel gewidmet.

Also doch Schuhe. Ich möchte keinen Hersteller hervorheben. Schlechte Laufschuhe sind im Sportfachgeschäft nicht zu bekommen, denke ich. Nehmen Sie alte Sportschuhe mit in das Geschäft. Gute Verkäufer sehen daran, ob Sie Fehlstellungen des Fußes haben. Sagt sie oder er „Nein", ist alles klar. Kaufen Sie sich einen Laufschuh, der bequem ist und

Ihrem Gewicht entspricht. Die Größenordnung für einen Laufschuh beträgt 80 bis 120 EUR. Je schwerer Sie sind, desto mehr kostet der Schuh, weil Sie eine gute Dämpfung brauchen.

Wird im Schuhgeschäft eine Fehlstellung des Fußes diagnostiziert, sollten Sie vorsichtig sein. Es gibt spezielle Laufschuhe, die die Füße beim Laufen so ungleichmäßig belasten, dass Fehlstellungen (Überpronation oder Subpronation) korrigiert werden sollen. Wenn Sie aber doch normale Füße haben, trainieren Sie sich mit diesen speziellen Schuhen Fehler an.

Die letzte Aktion, die Sie spätestens nach einer Woche, besser ab dem ersten Tag tun sollten:

Ein Trainingstagebuch führen.

Es hat die Spalten:

1. Datum

2. Strecke in Kilometern (oder Strecke 'Wald', 'Feld', 'Strekke2' usw.)

3. Für die Laufstrecke benötigte Zeit

4. Durchschnittlicher Trainingspuls

5. Gewicht (eventuell mit Körperfettanteil)

6. Besonderheiten (Wetter, Motivation, usw.)

Für die Motivation, das Sichtbarmachen des Trainingserfolges und aus „historischen" Gründen (Wie war ich vor fünf Jahren?) ist ein Trainingstagebuch sehr zu empfehlen.

Im Anhang ist ein Beispiel abgebildet.

Nach zwei Wochen

Ob Folgendes nur bei mir so ist, weiß ich nicht.

Nach 14 Tagen braucht der Körper nicht mehr so viel Schlaf! Toller Effekt, von dem ich nichts gelesen oder gehört hatte. Aber logisch ist es schon. Schließlich ist der Körper fitter und das Gehirn ist schon durch das Plus an Sauerstoff leistungsfähiger. Schlaf ist Erholung für den Körper und das Gehirn. Wenn beides fitter ist, braucht beides nicht so lange, um sich zu erholen!

Bei einem normalen Schlafpensum von sechs bis sieben Stunden kann ich heute 30 Minuten abziehen.

Merken Sie das auch? Für Rückmeldungen wäre ich sehr dankbar.

Der erste Monat

Warum vier Wochen täglich laufen?

Vier Wochen braucht ein Mensch, um den inneren Schweinehund zu besiegen! Zumindest bei mir hat es geklappt. Ebenfalls bei meiner Testperson hatte das täglich Laufen den erwünschten Erfolg.

Kurz die Vorgeschichte:

Sechszehn Jahre bin ich gelaufen, aber nie so richtig regelmäßig. Vor einem Marathon habe ich mit Blick auf den Wettkampf durchgehalten, aber nachher waren auch Monate dabei, in denen ich nur zehn Mal gelaufen bin. Schon damals war mir klar, dass mich diese Unregelmäßigkeit sportlich zurückwirft. Jedes Mal muss ich wieder neu anfangen, die Leistung aufzubauen. Drei Tage nicht zu laufen machten sich an sinkender Leistung bemerkbar. Aber fünf mal wöchentlich habe ich trotzdem nicht durchgehalten. Wenn der Druck durch den Wettkampf fehlte, wurde ich nachlässig, der innere Schweinehund siegte!

Dann war ich also am 15.12.2000 bei Dr. Strunz und die 700,00 DM haben sich für einen Satz gelohnt. Strunz sagte: „Wenn Ihr fünf Mal wöchentlich nicht schafft, dann müsst Ihr folgendes machen:" Ich bekam natürlich riesengroße Ohren! „Dann müsst Ihr sieben Mal die Woche laufen. Das schafft man!" Im ersten Augenblick unlogisch, wenn ich fünf Mal nicht schaffe, wie soll ich dann sieben Mal schaffen? Aber es funktioniert! Am 16.12. habe ich es probiert. Ich bin 45 Tage jeden Tag gelaufen! Ohne einen Tag Pause. Weihnachten, Silvester; es waren durchaus Tage dabei wo man sich etwas Schöneres als das Laufen vorstellen kann. Und das Wetter ist mitten im Winter auch nicht immer läuferfreundlich. Aber es war nicht die Frage „ob" ich laufe, sondern nur „wann" ich laufe! In den 45 Tagen bin ich fünf mal morgens um fünf, quasi vor dem Aufstehen gelaufen.

Strunz sagt, nach vier Wochen hat der Körper einen Automatismus gebildet. Der Körper empfindet das Laufen nach vier Wochen als so normal, wie das Zähneputzen. Angeblich weiß das jeder Arzt und jeder mit Verdauungsproblemen. Verdauungsprobleme, vorausgesetzt es liegen keine anatomischen Ursachen vor, heilt man durch täglich gleiche Zeiten. Wer sich am Tag 1 morgens um 7:30 Uhr auf die Toilette setzt, muss eventuell vergeblich warten. Am Tag 2 um 7:30 Uhr dauert es ewig. Am Tag 3 um 7:30 Uhr noch sehr lange, usw. Nach vier Wochen muss man dafür sorgen, dass um 7:30 Uhr eine Toilette in der Nähe ist, sonst wird es unangenehm. Nach vier Wochen ist es für den Körper normal geworden, um 7:30 Uhr auf die Toilette zu gehen. Es geht gar nicht mehr anders!

Nach vier Wochen Laufen ist es für Ihren Körper normal geworden. Der innere Schweinehund ist, zumindest in Bezug auf das Laufen, nicht mehr vorhanden.

Es hat bei meiner Testperson funktioniert und es hat bei mir funktioniert. Ich bin fest davon überzeugt, dass jeder den Schweinehund durch diese einfache Methode besiegt!

Übrigens funktioniert das auch bei anderen Angewohnheiten, die man sich antrainieren möchte. Zum Beispiel jeden Tag drei Minuten vor Feierabend den Schreibtisch leerräumen. Nach vier Wochen ist er automatisch abends leer, ohne dass Sie noch darüber nachzudenken brauchen.

Für die langsamen Beginner zählt die erste Woche auf Grund des geringen Laufpensums von insgesamt 28 Minuten noch nicht mit. Wer also in Ein-Minuten-Schritten beginnt, muss mindesten fünf Wochen, ich empfehle 40 Tage, täglich laufen.

Nach einem Monat lassen Sie die zweite Blutuntersuchung machen. Wenn Sie mit einer Minute begannen, legen Sie noch zwei Wochen drauf. Diese Blutuntersuchung wird Ihnen zeigen, wie dankbar der Körper für die gute Behandlung der letzten Wochen war!

Jetzt, nach einem Monat, haben Sie den inneren Schweinehund besiegt. Aus diesem Grund ist es nicht mehr zwingend notwendig, täglich zu laufen. Den vollen Fettverbrennungseffekt haben Sie bei fünf mal 30 Minuten. Also können Sie sich zwei freie Tage leisten. Am besten nicht zwei aufeinanderfolgende Tage.

Sollten Sie mal den fünften Lauftermin nicht wahrnehmen können, weil etwas dazwischengekommen ist, laufen Sie trotzdem. Aber nur 15 Minuten! Das müsste sich irgendwie einrichten lassen. Wenn das nur ganz selten vorkommt, reichen die 15 Minuten, um den Körper an die Fettverbrennung zu erinnern. Früher hätte ich gesagt: „Für 15 Minuten lohnt das nicht!" Das war falsch. Aber jeden Tag nur 15 Minuten, das wäre zu knapp.

Nach drei Monaten

Nach drei Monaten können Sie einschätzen, ob Sie Ihr Leben lang laufen werden. Wenn Sie langsam angefangen und die drei Monate ohne größere Beschwerden erreicht haben, werden diese durch das „normale" Laufen im Fettverbrennungspuls auch nicht mehr kommen. Sollten Sie plötzlich einen Marathon oder Triathlon ins Auge fassen oder Kreismeister über 10000 Meter in Ihrer Altersklasse werden wollen, werden Sie über das normale Maß hinaus trainieren. Sie verlassen das gesunde Laufen, dann kann auch später noch eine Verletzung oder Beschwerden auftreten. Trotzdem rate ich niemandem davon ab, denn ein gewisses Maß an Ehrgeiz ist den meisten Menschen angeboren. Falls Sie diesen Ehrgeiz haben und neugierig auf dieses Erlebnis (es ist wirklich eines!) sind, dann lesen Sie die entsprechenden Kapitel in diesem Buch. Sollten Sie das gesunde Laufen verlassen, dann gibt es ab sofort nur noch einen Chef: Ihren Körper! Wenn er sagt: „Halt!", das heißt, wenn etwas weh tut, dann lassen Sie es sein. Auch wenn Sie es noch so sehr wollen und die Enttäuschung noch so groß ist, Ihr Körper sitzt am längeren Hebel, glauben Sie mir!

Sie laufen drei Monate und alles ist in Ordnung. Dann denken Sie bei der nächsten Gelegenheit an ein zweites Paar Laufschuhe. Es ist nicht sinnvoll, ein Paar Schuhe erst aufzulaufen, was nach 1000 bis 2000 Kilometern der Fall ist, und sich dann das nächst Paar zu kaufen. Der Fuß gewöhnt sich an einen Schuh, und mit der Zeit schleichen sich leichte Fehlstellungen, beziehungsweise einseitige Belastungen ein. Ein anderes Paar Schuhe, möglichst von einem anderen Hersteller, hat garantiert andere kleine „Fehlerchen". Personen mit „normalen" Füßen verhindern so Schäden durch einseitige Belastung. Benutzen Sie abwechselnd zwei intakte Paar Laufschuhe. Intakt heißt, die Dämpfung muss noch in Ordnung sein. Ab 1000 Kilometer kann Sie nachlassen.

Mein Vorschlag:

Bei einem Laufpensum von 30 bis 40 Kilometern in der Woche alle sechs Monate ein neues Paar Schuhe. Dann täglich abwechselnd beide Paare in Gebrauch haben. Dann haben Sie immer ein relativ neues und ein älteres Paar. Mit 200 EUR pro Jahr ist das Laufen dann immer noch ein sehr günstiger Sport.

Dann sollten Sie sich auch etwas Laufbekleidung gönnen. In fast jedem Sportgeschäft gibt es heute gute Laufkleidung. Ich zitiere aus einer E-Mail, die mir ein Seminarteilnehmer nach einer Woche Laufen schickte. Er hatte die erste Woche in einem Jogginganzug aus Baumwolle und einem normalen T-Shirt gelaufen. Dann kaufte er sich Laufbekleidung. Sein Kommentar: „Es war, als liefe man nackt!" So leicht ist die Laufbekleidung, und sie leitet den Schweiß nach außen ab. Es lohnt sich und sieht auch gut aus.

Drei Monaten brauchen Sie, um den Effekt des „Brainrunning" zum ersten Mal kennenzulernen. Wenn Ihr Gehirn mit 100% mehr Sauerstoff durchflutet wird, das merken Sie. Das ist viel mehr als nur „den Kopf frei kriegen". Ich werde nicht versuchen, es zu beschreiben, alles wird leicht und klar, Ihr ganzes Leben!

Strunz sagt, Sie werden zum Adler!

Versuchen Sie es!

Nach einem Jahr

Was nach einem Jahr passiert, weiß ich noch nicht so ganz genau. Mit letzter Konsequenz bin ich erst seit dem 16.12.2000 dabei.

Ein Effekt soll nach einem Jahr eintreten: Die somatische Intelligenz hat sich wieder eingestellt.

Die somatische Intelligenz sagt dem Körper, was er wirklich braucht. Von Natur aus müssen wir Menschen keine Bücher

 94

lesen, um zu wissen, was für Nahrungsmittel gut für uns sind. Die Höhlenmenschen hatten Hunger auf das, was Sie brauchten. Bei Calciummangel steckten sie sich vielleicht sogar weiße Steine in den Mund, ohne zu wissen, dass Calciumcarbonat in den Steinen enthalten ist.

Die somatische Intelligenz habe ich auch schon kennengelernt. Und zwar bei einem Marathonlauf. Nicht nur ich, jeder Marathonläufer natürlich.

Wenn bei einem Marathonlauf die Kohlehydratreserven (die schnell verfügbare Energie also) aufgebraucht sind, weiß jeder sofort, was er braucht! Bekäme man zu diesem Zeitpunkt, bei Kilometer 33 zum Beispiel, einen Tisch mit zehn Nahrungsmitteln vorgesetzt , könnte jeder mit Sicherheit das Nahrungsmittel identifizieren, in dem am meisten Kohlehydrate sind. Darauf hat der Körper Hunger.

Das ist auch der Trick beim Einkaufen. Wenn Sie hungrig einkaufen gehen, ist es sehr schwer, an dem Regal mit den Süßigkeiten vorbeizukommen. Die somatische Intelligenz ist so stark, dass die Einkaufsliste unweigerlich um Snickers, Mars und Co. ergänzt wird.

Wenn Sie schon mit der somatischen Intelligenz einkaufen gehen, dann tun Sie das mit derjenigen, die Sie sich beim Laufen erworben haben. Dann zieht die Obstabteilung Sie magisch an.

Ohne somatische Intelligenz muss Ihr Verstand Ihnen sagen, was Sie zu essen haben. Der Verstand befiehlt: „Du isst jetzt Obst!" Oft mit nur mäßigem Erfolg.

Nach einem Jahr Laufen im Fettverbrennungspuls ist die Kiwi morgens beim Frühstück tatsächlich leckerer als das Nutellabrötchen.

Wie schon anfangs gesagt, da warte ich noch drauf!

Zum Schluss des Brainrunning-Laufprogramms noch eine Behauptung von Dr. Strunz.

Nach einem Jahr Laufen hat man mehr Geld!

Bei mir stimmt es. Das liegt an dem gestiegenen Selbstvertrauen. Ich merke, dass ich heute Dinge anpacke, die ich früher nur als Idee im Kopf hatte. Nur mit Ideen alleine verdient man kein Geld. Man muss sie auch umsetzen. Den ersten Schritt mache ich viel häufiger sofort.

Sicherlich kennen Sie die Regel: Wenn der erste Schritt zu einer Idee nicht in den ersten 72 Stunden gemacht wird, dann sinken die Chancen der Realisierung auf unter 1%!

Lust auf einen sportlichen Wettkampf?

Wie wäre es mit einem 10000 Meter Straßenlauf?

In den meisten Landkreisen Deutschlands gibt es einen oder mehrere Orte oder Städte, die öffentliche Straßenläufe veranstalten. Meistens ist die Schar der Teilnehmer bunt gemischt. Es gibt einige sehr gute Läufer, die nahezu jedes Wochenende an Wettkämpfen teilnehmen, aber auch viele Hobbyläufer aus der Region. Gerade diese Hobbyläufer machen den besonderen Reiz einer solchen Veranstaltung aus. Niemand rechnet damit, ganz vorne mit dabei zu sein! Deshalb geht alles völlig stressfrei über die Bühne. Bei diesen Läufen gibt es keine großen Überraschungen. Im Fußball kommt es vor, dass eine Amateurmannschaft an einem guten Tag mal eine Profimannschaft schlägt. Ein Läufer, der in 40 Minuten 10 Kilometer läuft, gehört zu den besten 10 bis 15 Prozent. Hat dieser Läufer einen guten Tag, läuft er vielleicht 39 Minuten. Das sind schon Welten! Um zu gewinnen, müsste er 33 Minuten laufen. Das ist für den 40-Minuten-Mann unmöglich. Aus diesem Grund ist die Konkurrenz unter den Läufern nicht sehr ausgeprägt. Die meisten treten gegen sich selbst und die Uhr an. Selten gegen einen der Mitläufer. Dies bringt eine Atmosphäre mit sich, in der jeder mit jedem redet, fachsimpelt und man sich gegenseitig viel Glück für den Kampf (gegen sich selbst) wünscht.

Zuerst einlaufen, Dehnungsübungen, ein Schluck aus der Flasche und eventuell eine Banane. Jeder hat sein feststehendes Ritual!

Dann geht es langsam an den Start. Der Adrenalinpegel steigt, der Herzfrequenzmesser piept hektisch. Erstens, weil das Herz vor Aufregung schneller schlägt, zweitens, weil er die Signale der umstehenden Läufer mit Herzfrequenzmessern zu den eigenen Schlägen addiert.

Stellen Sie sich bei Ihren ersten Läufen bloß weit genug nach hinten. Erstens, damit die Schnelleren nicht über Sie stolpern und zweitens, damit Sie nicht sofort freie Bahn haben. Wenn Sie gleich so schnell loslaufen, wie Ihr Adrenalinpegel es Ihnen ermöglicht, sind Sie nach zwei Kilometern fertig. Meine Taktik ist heute und war schon immer: Auf den ersten zwei Kilometern langsam, dann darf ich überholt werden. Ab Kilometer drei überhole nur noch ich die anderen. Das ist sehr förderlich für die Motivation.

Sie laufen richtig und die für Sie bestmögliche Zeit, wenn Sie die zweiten fünf Kilometer schneller als die ersten laufen. Wenn die letzten zwei Kilometer die langsamsten sind, haben Sie zu schnell angefangen!

Das soll als kleiner Lauftipp reichen. Für detailliertere Informationen zum Laufen in Wettkämpfen gibt es genug gute Bücher.

Noch ein paar motivierende Worte zu den Gedanken und Gefühlen während des Laufes.

Anfangs das Adrenalin. Das ist nach spätestens 1000 Metern abgebaut und Sie können sich endlich ganz auf das Laufen konzentrieren. Dann werden Sie überholt oder überholen selbst. Dabei sehen Sie die unterschiedlichsten Typen! Leute die stampfen und trotzdem schnell sind, Leute die leichtfüßig laufen, trotzdem langsam sind, Läufer mit Krämpfen, schnaufende und schwatzende, ständig spuckende, hässliche und hübsche. Und Sie sind einer von Ihnen.

Je weiter der Lauf fortschreitet, desto weniger interessieren Sie die anderen. Sie beobachten sich und fragen sich, ob Sie das Tempo durchhalten oder vielleicht noch etwas schneller könnten. Die letzten Kilometer werden immer länger und dann irgendwann naht das Ziel.

Sie haben keine Kraft mehr, aber wenn Sie während des Laufs keine großen Fehler gemacht haben, werden Sie immer schneller! Noch ist die Straße relativ einsam, aber Sie sehen sie schon: Die enge Gasse, die zum Zieleinlauf führt! Für jeden, der Sie anfeuert, werden die letzten Kräfte mobilisiert, und das sind alle! Alle klatschen und schreien, ab und zu hören Sie Ihren Namen und versuchen zu erkennen, wer ihn gerufen hat. Meistens klappt es nicht, aber Sie fühlen sich toll. Wenn Sie Glück haben und eine so gut besuchte Veranstaltung wie den Niebüller Stadtlauf mitlaufen, dann kriegen Sie beim Zieleinlauf eine Gänsehaut! Dann am Ziel nur noch ein Gedanke: Ich habe es geschafft!

Könnten Sie sich vorstellen, einen Marathon zu laufen?

Nach Ihren ersten Straßenläufen können Sie gar nicht anders, als sich geistig mit einem Marathon zu beschäftigen. Ob beim Duschen, Umkleiden oder bei der Siegerehrung, Sie hören ungewollt Berichte von Marathonläufen. Ein Marathonlauf ist faszinierend und jeder einzelne ist einmalig. Deshalb wird so viel darüber erzählt.

Es ist die einzige Sportveranstaltung (oder zumindest eine der wenigen), bei der Sie als Hobbysportler mit Weltmeistern in einer Veranstaltung starten. Wer Tennis spielt, wird eher selten gegen Andre Agassi spielen und ein 100-Meter-Läufer auch nicht häufiger neben Maurice Green starten. Aber in Hamburg, Berlin oder New York gilt für den Kenianer, der im Ziel ist, wenn Sie den Halbmarathonpunkt passieren, derselbe Startschuss.

Auf diesen 42,195 Kilometern passiert so viel. Ich werde mich kurz fassen, denn über die Faszination des Marathons gibt es sehr viele gute Bücher. Kaufen Sie sich eines!

Bei einem Marathon sind alle Menschen gleich! Der Millionär muss sich genauso plagen wie jeder andere auch. Und kaufen kann er sich den Zieleinlauf auch nicht. Die besten Schuhe und die teuerste Laufkleidung bringen einen nicht ans Ziel. Nur der eigene Wille zählt.

Das Besondere an einem Marathonlauf ist, dass man nicht weiß, was auf einen zukommt, weil man die Distanz von 42 Kilometern im Training niemals läuft! Sie trainieren höchstens 32 Kilometer.

Wenn Sie einigermaßen fit sind, brauchen Sie mindestens ein halbes Jahr, um sich auf den Marathonlauf vorzubereiten. Dabei sollten Sie mindestens 1000 Kilometer trainieren. Das Training darf nicht nur im Wald stattfinden. Marathonläufe werden fast immer auf Asphalt durchgeführt. Daran muss sich Ihr Bewegungsapparat langsam gewöhnen.

Bei dem ersten Marathonlauf das Ziel zu erreichen, dieses Gefühl werden Sie niemals vergessen!

Der Runners-High

Von ihm gehört hat schon jeder Läufer einmal, aber es ist fast so etwas wie ein Mythos. Bis vor einem halben Jahr habe ich mich bei dem Thema sehr zurückgehalten. Ulrich Strunz erzählt ganz begeistert von dem Kokainkästchen im Bauch, das sich öffnet. Dieses Kokainkästchen erwähnt er in jedem dritten Satz, und alle Seminarteilnehmer nicken zustimmend. „Na ja," denke ich, „aber sonst ist alles ganz normal bei mir!" Offenbar habe ich kein Kokainkästchen oder es klemmt und lässt sich nicht öffnen.

Klartext: Bis zum Montag der zweiten Januarwoche hatte ich niemals ein Runners-High.

Der Runners-High, ein Zustand, der am ehesten als extremes Hochgefühl zu beschreiben ist, wird durch die Ausschüttung von Endomorphinen im Körper ausgelöst. Dieser Stoff ist eine körpereigene Droge. Sie ist dafür da, um Schmerzen zu überdecken und letzte Energiereserven zu mobilisieren. Am häufigsten tritt der Runners-High bei einem Marathonlauf auf. An dem Punkt, wenn der Körper die schnell verfügbare Energie in Form von Kohlehydraten aufgebraucht hat und sich ab jetzt nur noch von Fett ernähren kann. Bei einem Marathonlauf wirken diese Endomorphine circa zwei Minuten. In diesen zwei Minuten hat man den Eindruck, plötzlich viel schneller laufen zu können. Kann man auch, aber eben nur zwei Minuten. Typischer Weise passiert das bei Kilometer 35. Wenn die Läufer dann dem Drang nachgeben und tatsächlich schneller werden, müssen viele mit Seitenstichen oder aus anderen Gründen aufgeben. Denn der Körper sagt: „So, zwei Minuten kriegst Du noch mal alles, was ich habe, und dann verlasse ich Dich!" Dann ist der eiserne Wille gefragt.

Bei zwei von sieben Marathonläufen hatte ich den Endomorphin-Kick. Nett zu kennen, aber verdammt schnell vorbei.

Ulrich Strunz spricht von etwas ganz anderem. Er meint den Runners-High ohne Erschöpfung. Der kann dann viele Minuten oder sogar Stunden anhalten. Sagt er, glaube ich auch, aber hatte ich bis Anfang Januar nie. Dann las ich im Frühjahr das Buch von Joschka Fischer „Der lange Lauf zu mir selbst", und darin stand, dass Fischer trotz intensiven Laufens über Jahre nicht weiß, wie sich der Runners-High anfühlt. Dann habe ich etwas mehr Mut gefasst und häufiger Läufer darauf angesprochen. Die wenigsten kennen es!

Das Buch von Joschka Fischer ist übrigens sehr motivierend, leicht zu lesen und sehr zu empfehlen.

Dann, Anfang Januar hatte ich den Endomorphin-Kick auf meiner ganz normalen Laufstrecke. Kurz vor Ende des Trainings hatte ich plötzlich den Eindruck, die ganze Welt umarmen zu können. Ich konnte es nicht abwarten, nach Hause zu kommen, um die Ideen, die in letzter Zeit liegengeblieben waren, voranzutreiben. Alles erschien mir rosarot. Es ist tatsächlich wie ein Rausch!

Das zweite Runners-High hatte ich drei Monate später. Dadurch, dass ich ein Lauftagebuch führe und den ersten Kick natürlich als besonderes Ereignis notiert hatte, stellte ich fest, dass die durchschnittliche Pulsfrequenz beim ersten und beim zweiten Kick genau identisch war, nämlich 148 Schläge. Auch der Ort, an dem es passierte, war fast identisch.

Meine Schlussfolgerung:

Wenn alles ganz genau stimmt, die Belastung nicht zu niedrig und nicht zu hoch ist, ist der Runners-High bewusst herbeizuführen. Doch soweit bin ich noch nicht. Die Vorstellung allerdings, wie Strunz, jeden Tag dieses Erlebnis zu haben, ist schon prickelnd!

Mario

Ich habe ein Problem: Ich bin kein Arzt! Trotzdem maße ich mir an, einige Aussagen über die Gesundheit zu machen. Da ich keinen wissenschaftlichen Hintergrund habe, gibt es für mich keine andere Möglichkeit, als anhand von Tests an lebenden Personen meine Aussagen zu beweisen. Dafür eigne ich mich zum Teil selbst. Allerdings hat der Vergleich meiner Blutwerte zwar eine Verbesserung aber keine so radikale Veränderung gezeigt, wie man sie als Laufanfänger erzielen kann. Vorher waren meine Blutwerte durch den Sport auch schon nicht schlecht.

Eines Tages traf ich einen guten alten Bekannten, Mario, auf der Straße. Mario, ein Computerspezialist mit Leib und Seele, sagte: „Jürgen, Du machst doch irgendetwas mit Laufen? Ich muss auch dringend wieder etwas tun!"

Automatisch bezog ich die Aussage auf sein Körpergewicht, denn mit 170 cm Größe und 90 kg war Mario nicht gerade schlank. Als fettleibig konnte man Mario aber trotz heftigem Übergewichts nicht bezeichnen, denn er hat ein breites Kreuz und eine kräftige Statur. Dies liegt zum Teil an einigen Jahren Krafttraining, die aber schon etwas zurücklagen. Aber Muskeln waren schon da. Und gelaufen war Mario auch schon mal! Früher!

Nein, Marios Problem war nicht die fehlende Bikinifigur, sondern eine Nachricht vom Arzt, dass die Leber von Fett umgeben sei, das dort einfach nicht hingehört! Mario ist 31 Jahre alt, und wollte es nicht hinnehmen, in dem Alter schon nur mäßige Blutwerte und zuviel Fett im Inneren des Körpers zu haben. Also Befehl vom Arzt: Ernährung und Bewegung muss sich verändern!

Das Problem ist, dass schlechte Blutwerte und ein erhöhter Cholesteringehalt nicht weh tun! Unsere Innereien haben kein Schmerzempfinden dafür. Wir merken erst, was wir den Or-

ganen antun, wenn sie kurz vor tot sind. Wenn die Leistungsfähigkeit eines Organs unter 30% gesunken ist, dann fängt es
an, weh zu tun. Die Blutwerte untersuchen zu lassen, ist die
einfachste Methode, zu erkennen, wie es um die Organe wirklich steht.

Dass die Organe den Dienst versagen, so weit wollte Mario
es nicht kommen lassen. Aber dann ist da wieder der Alltag,
und wie gesagt, es tut ja nicht weh!

Als ich nach 14 Tagen bei Mario anrief, hatte er noch immer
nicht mehr Bewegung in seinen Alltag gebracht. Die gebore-
ne „Testperson" für mich und das Laufen. Wenn alle Theorien
stimmten, von denen ich so überzeugt war, dann musste sich
bei Mario alles verbessern, wenn er sich denn zum Laufen
überreden ließe!

Und das tat er. Am 10. Juni 2001 ist Mario eine Minute auf
der Stelle gelaufen. Automatisch auf dem Vorderfuß übrigens.
Dann Stop! Es kam ihm sicherlich etwas blöde vor, nur so kurz
zu laufen. Mario hätte auch 30 Minuten laufen können. Nur
hätte ich dafür nicht die Verantwortung übernehmen können!
Was hat er von perfekten Blutwerten, wenn die Knie kaputt
sind. Immerhin hatte Mario mindestens 20 kg Übergewicht
und seit langer Zeit kaum Sport gemacht. Da kann man gar
nicht langsam genug anfangen. Erstens wegen des Bewe-
gungsapparates, zweitens auch wegen der Motivation.

Mario lief also jeden Tag eine Minute mehr und das Laufen
schlich sich unmerklich in seinen Körper und in seinen Tagesablauf ein. Nach 30 Tagen war keine Steigerung mehr nötig,
aber das tägliche Laufen hat Mario auch dank seiner Freundin
noch einige Wochen länger durchgehalten. Damit war der innere Schweinehund besiegt.

Am 27. Juli 2001 hat Mario sein Blut wieder untersuchen
lassen. Nach nur sechs Wochen! Wir waren beide sehr unge-

duldig und gespannt auf das Ergebnis. Ich hatte gedacht, sechs Wochen sind eher knapp, da die erste Woche mit 3,5 Minuten Laufen täglich ja eigentlich gar nicht mitzählt.

Was ist dabei herausgekommen?

Der Gesamtcholesteringehalt war bei Mario am 10. Juni 220. Unter 200 ist in Ordnung. Optimal ist nach Ulrich Strunz 150. Strunz hat 150! Mario hatte 154!

Auch andere Werte haben sich nach so kurzer Zeit zum Teil erheblich verbessert. Die Werte zu nennen und zu beurteilen überlasse ich besser den Medizinern.

Mein Fazit:

Innerhalb von sechs Wochen kann man die gesundheitlichen Vorteile regelmäßigen Laufens objektiv in den Blutwerten ablesen.

Heute, nach drei Monaten laufen, wiegt Mario noch 79 kg. Das wollte er gar nicht! War auch nicht anstrengend. Völlig ohne Fastenkur. Nur mit Laufen und den automatischen Folgen des Laufens. 11 kg in drei Monaten riecht nach Titelseite der „Brigitte"! Vor allem, weil Mario nicht von dem Jojo-Effekt heimgesucht werden wird.

Vielen Dank an Mario für die Bereitstellung der persönlichen Daten und die Konsequenz bei der Umsetzung der Tipps zum Laufen. Und für die Motivationshilfe natürlich auch „Danke" an Karin!

Zum Schluss noch einige Fragen an Mario:

Was hat sich verändert, seitdem Du mit dem Laufen angefangen hast?

Eine ganze Menge: Ich bin aktiver, esse bewusster, bin – glaube ich– gesünder und nicht mehr so anfällig gegen Erkältungen. Klingt wie aus einem Buch, oder? Ich fühle mich aber einfach besser.

Wie besiegst Du den inneren Schweinehund, wenn Du mal keine Lust hast?

Ganz einfach: fünf Buchstaben: KARIN! Sie hat dafür gesorgt, dass ich die Minutensache durchgezogen habe. Zuerst fand ich es etwas lächerlich; später dann auch mal etwas nervig. Aber nach ca. 20 bis 25 Minuten habe ich eine Veränderung bemerkt, die sich auch auf der Waage wiederspiegelte. Ab und zu habe ich dann sogar mal Karin zum Laufen überredet.

Was war Dein schönster Lauftag?

Das war, als ich bemerkt habe, dass das Laufen nicht nur ein anstrengender Angang ist, sondern auch entspannend, unterhaltsam und frustabbauend sein kann: Als ich angefangen habe, mit Karin und Ingrid zu laufen, hat man sich verabredet, getroffen, geredet, Erfahrungen ausgetauscht (Pulsmesser, Klamotten, Schuhe, Schmerzen, usw.)

Und der „Schwärzeste"?

Wenn man eh schon keinen Bock zum Laufen hat, es dann auch noch schön regnet und obendrein auch noch dunkel wird und man auf der Strasse laufen muss. Dann brauche ich etwas länger, um es prima zu finden!

Wirst Du in einem Jahr auch noch laufen?

Wenn sich körperlich keine negativen Veränderungen ergeben (Knie oder Gelenke) dann auf jeden Fall. Ich habe heute ja schon ein schlechtes Gewissen, wenn wir mal ein oder zwei Tage nicht gelaufen sind.

Herzlichen Dank!

Ein paar Worte zum Schluss

Dieses Buch kommt Anfang Dezember 2001 auf den Markt. Dieses Ziel hatte für mich obere Priorität. Ich habe etwa sechs Monate an dem Buch gearbeitet. Die Hälfte ist in den letzten zwei Monaten entstanden. Zum Schluss bin ich etwas in Stress gekommen, das gebe ich gerne zu! Der Zeitdruck zum Ende hin ist für meine Art zu arbeiten typisch. Schon während der Schulzeit wurden alle Terminarbeiten pünktlich, aber in allerletzter Minute fertig. Nur ob das Ergebnis mit weniger Stress am Ende besser wäre, wage ich zu bezweifeln.

Also „SORRY" für kleine und große Fehler!

Sofern dieses Buch einigermaßen gut ankommt, werde ich eine überarbeitete Auflage mit weniger Fehlern, mehr Abbildungen und Comics von meinem Freund Robert herstellen. Mir sind schon viele Ideen zur Steigerung der Attraktivität einer nächsten Auflage gekommen. Der Inhalt wird aber nicht wesentlich verändert sein.

Noch eine Anmerkung zum Laufen. Eine Erfahrung, die ich in der letzten Woche gemacht habe:

Vierzehn Tage habe ich das Laufen vernachlässigt. Fünf mal in der Woche habe ich nicht geschafft, weil ich abends am Buch gearbeitet habe und der Ausweichtermin (morgens um fünf Uhr) mir einfach zu unattraktiv erschien. Die Quittung habe ich prompt bekommen:

Ich brauchte diese Woche mehr Schlaf. Hatte ich aber nicht. Sonntag wollte ich den ganzen Tag an dem Buch schreiben, und was ist passiert? Ich konnte mich nicht konzentrieren und habe zweieinhalb Stunden Mittagsschlaf gemacht. Die „gesparte" Zeit war also wieder futsch!

Der Körper wird durch das Laufen schon ein kleines bisschen verwöhnt!

So, jetzt wünsche ich viel Spaß und Erfolg beim Training des Gehirns. Viel Motivation und Gespür für den Körper beim Laufen. Denken Sie daran, Ihr Körper ist Ihr Freund! Wenn Sie ihm Gutes tun, wird er sich mit der Fähigkeit zu körperlichen und geistigen Höchstleistungen revanchieren.

Beginnen Sie heute!

Eine Minute laufen und einen Bundesstaat der USA lernen.

Dann ist heute der erste Tag vom Rest Ihres Lebens!

Bei Fragen, Kritik, Anregungen:

Jürgen Petersen
Enger Strasse 11
25917 Enge-Sande
www.brainrunning.de

Anhang

Bundesstaaten der USA mit Hauptstädten

	Staat	Hauptstadt	Eselsbrücke
1	Alabama	Montgomery	z.B. Alabaster, Berg aus Gummi
2	Alaska	Juneau	
3	Arizona	Phoenix	
4	Arkansas	Little Rock	
5	Colorado	Denver	
6	Conneticut	Hartfort	
7	Delaware	Dover	
8	District of Columbia	Washington	
9	Florida	Tallahassee	
10	Georgia	Atlanta	
11	Hawaii	Honolulu	
12	Idaho	Boise	
13	Illinois	Springfield	
14	Indiana	Indianapolis	
15	Iowa	Des Moines	
16	Kalifornien	Sacramento	
17	Kansas	Topeka	
18	Kentucky	Frankfort	
19	Louisiana	Baton Rouge	
20	Maine	Augusta	
21	Maryland	Annapolis	
22	Massachusetts	Boston	
23	Michigan	Lansing	
24	Minnesota	St. Paul	
25	Mississippi	Jackson	
26	Missouri	Jefferson City	
27	Montana	Helena	
28	Nebraska	Lincoln	
29	Nevada	Carson City	
30	New Hampshire	Concord	
31	New Jersey	Trenton	
32	New Mexico	Santa Fe	
33	New York	Albany	
34	North Carolina	Raleigh	

35	North Dakota	Bismarck	
36	Ohio	Columbus	
37	Oklahoma	Oklahoma City	
38	Oregon	Salem	
39	Pennsylvania	Harrisburg	
40	Rhode Island	Providence	
41	South Carolina	Columbia	
42	South Dakota	Pierre	
43	Tennessee	Nashville	
44	Texas	Dallas	
45	Utah	Salt Lake City	
46	Vermont	Montpellier	
47	Virginia	Richmond	
48	Washington	Olympia	
49	West Virginia	Charleston	
50	Wisconsin	Madison	
51	Wyoming	Cheyenne	

Staaten der Erde mit Hauptstädten
(ohne Gewähr)

1	Afghanistan	Kabul	
2	Albanien	Tirana	
3	Algerien	Algier	
4	Andorra	Andorra la Vella	
5	Angola	Luanda	
6	Antigua	Saint Johns	
7	Argentinien	Buenos Aires	
8	Armenien	Eriwan	
9	Australien	Canberra	
10	Österreich	Wien	
11	Aserbaidschan	Baku	
12	Bahamas	Nassau	
13	Bahrain	Manama	
14	Bangladesh	Dhaka	
15	Barbados	Bridgetown	
16	Belarus (Weißrussland)	Minsk	
17	Belgien	Brüssel	
18	Belize	Belmopan	
19	Benin	Porto Novo	
20	Bhutan	Thimphu	
21	Bolivien	La Paz	
22	Bosnien Herzegowina	Sarajevo	
23	Botswana	Gaborone	
24	Brasilien	Brasilia	
25	Brunei	Bandar Seri Begwana	
26	Bulgarien	Sofia	
27	Bukina Faso	Ouagadougou	
28	Burundi	Bujumbura	
29	Kambodscha	Pnohm Penh	
30	Kamerun	Jaunde	
31	Canada	Ottawa	
32	Cap Verde	Praia	
33	Zentral Afrikanische Republik	Bangui	
34	Tschad	N´djamena	
35	Chile	Santiago de Chile	

36	China	Peking
37	Kolumbien	Bogota
38	Komoren	Moroni
39	Demokratische Republik Kongo	Kinshasa
40	Republik Kongo	Brazzaville
41	Costa Rica	San Jose'
42	Elfenbeinküste	Yamoussoukro
43	Kroatien	Zagreb
44	Kuba	Havannah
45	Zypern	Nikosia
46	Tschechische Republik	Prag
47	Dänemark	Kopenhagen
48	Dschibuti	Dschibuti
49	Domenika	Rosseau
50	Dominikanische Republik	Santo Domingo
51	Ekuador	Quito
52	Ägypten	Kairo
53	El Salvador	San Salvador
54	Äquatorial Guinea	Melabo
55	Eritrea	Asmera
56	Estland	Tallin
57	Äthiopien	Addis Abbeba
58	Fidschi	Suva
59	Finnland	Helsinki
60	Frankreich	Paris
61	Gabun	Libreville
62	Gambia	Banjal
63	Georgien	T`bilisi
64	Deutschland	Berlin
65	Ghana	Accra
66	Griechenland	Athen
67	Grenada	Saint Georges
68	Guatemala	Guatemala
69	Guinea	Conakry
70	Guinea-Bissau	Bissau
71	Guyana	Georgetown
72	Haiti	Port-o-Prince
73	Honduras	Tegucigalpa
74	Ungarn	Budapest
75	Island	Reykjavik
76	Indien	New Delhi
77	Indonesien	Djakarta

78	Iran	Teheran	
79	Irak	Bagdad	
80	Irland	Dublin	
81	Israel	Jerusalem	
82	Italien	Rom	
83	Jamaika	Kingston	
84	Japan	Tokio	
85	Jordanien	Amman	
86	Kasachstan	Astana	
87	Kenia	Nairobi	
88	Kiribati	Tarawa	
89	Nord Korea	P`Yongyang	
90	Süd Korea	Seoul	
91	Kuwait	Kuwait	
92	Kyrgisien	Bishkek	
93	Laos	Vientiane	
94	Lettland	Riga	
95	Libanon	Beirut	
96	Lesotho	Maseru	
97	Liberia	Monrovia	
98	Libyen	Tripolis	
99	Liechtenstein	Vaduz	
100	Litauen	Wilna	
101	Luxemburg	Luxemburg	
102	Mazedonien	Skopje	
103	Madagaskar	Antananarivo	
104	Malawi	Lilongwe	
105	Malaysia	Kuala Lumpur	
106	Malediven	Male	
107	Mali	Bamako	
108	Malta	Valletta	
109	Marshall Inseln	Majuro	
110	Mauretanien	Nouakchott	
111	Mauritius	Port Louis	
112	Mexiko	Mexiko City	
113	Mikronesien	Palikir	
114	Moldavien	Chisinau	
115	Monaco	Monaco	
116	Mongolei	Ulan Bator	
117	Marokko	Rabatt	
118	Mosambique	Maputo	
119	Birma	Rangoon	
120	Namibia	Windhoek	
121	Nauru	Keine (Yaren Destrict)	

122	Nepal	Kathmandu	
123	Niederlande	Amsterdam	
124	Neuseeland	Wellington	
125	Nicaragua	Managua	
126	Niger	Niameh	
127	Nigeria	Abuja	
128	Norwegen	Oslo	
129	Oman	Muscat	
130	Pakistan	Islamabad	
131	Palau	Koror	
132	Panama	Panama	
133	Papua Neuginea	Port Morresby	
134	Paraguay	Asuncion	
135	Peru	Lima	
136	Phillipinen	Manila	
137	Polen	Warschau	
138	Portugal	Lissabon	
139	Kathar	Doha	
140	Rumänien	Bukarest	
141	Russland	Moskau	
142	Ruanda	Kigali	
143	Saint Kitts & Nevis	Basseterre	
144	Santa Lucia	Castries	
145	Saint Vincent & Grenadinen	Kingstown	
146	Samoa	Apia	
147	San Marino	San Marino	
148	Sao Tome & Principe	Sao Tome	
149	Saudi Arabien	Riad	
150	Senegal	Dakar	
151	Serbien & Montenegro	Belgrad & Podgorica	
152	Seychellen	Victoria	
153	Sierra Leone	Freetown	
154	Singapur	Singapur	
155	Slowakei	Bratislava	
156	Slowenien	Ljubljana	
157	Salomon Inseln	Honiara	
158	Somalia	Mogadischu	
159	Südafrika	Pretoria	
160	Spanien	Madrid	
161	Sri Lanka	Colombo	
162	Sudan	Kartun	
163	Surinam	Paramaribo	

164	Swaziland	Mbabane	
165	Schweden	Stockholm	
166	Schweiz	Bern	
167	Syrien	Damaskus	
168	Taiwan	Taipeh	
169	Tadschikistan	Dushanbe	
170	Tansania	Dar es Salam	
171	Thailand	Bangkok	
172	Togo	Lome'	
173	Tonga	N`kualofa	
174	Trinidad & Tobago	Port of Spain	
175	Tunesien	Tunis	
176	Türkei	Ankara	
177	Turkmenistan	Ashgabat	
178	Tuvalu	Funafuti	
179	Uganda	Kampala	
180	Ukraine	Kiew	
181	Vereinigte Arabische Emirate	Abu Dhabi	
182	Vereinigtes Königreich	London	
183	USA	Washington	
184	Uruguay	Montevideo	
185	Usbekistan	Taschkent	
186	Vanuatu	Port Vila	
187	Vatikan	Vatikan Stadt	
188	Venezuela	Caracas	
189	Vietnam	Hanoi	
190	Jemen	Sanaa	
191	Sambia	Lusaka	
192	Zimabwe	Harare	

Trainingstagebuch

Datum	Tag	Km	Zeit	Trainingspuls	Gewicht	Motivation
	Montag					
	Dienstag					
	Mittwoch					
	Donnerstag					
	Freitag					
	Samstag					
	Sonntag					
Gesamt oder Durchschnitt						

Datum	Tag	Km	Zeit	Trainingspuls	Gewicht	Motivation
	Montag					
	Dienstag					
	Mittwoch					
	Donnerstag					
	Freitag					
	Samstag					
	Sonntag					
Gesamt oder Durchschnitt						

Datum	Tag	Km	Zeit	Trainingspuls	Gewicht	Motivation
	Montag					
	Dienstag					
	Mittwoch					
	Donnerstag					
	Freitag					
	Samstag					
	Sonntag					
Gesamt oder Durchschnitt						

Datum	Tag	Km	Zeit	Trainingspuls	Gewicht	Motivation
	Montag					
	Dienstag					
	Mittwoch					
	Donnerstag					
	Freitag					
	Samstag					
	Sonntag					
Gesamt oder Durchschnitt